Hans-Werner Sinn

VERSPIELT NICHT EURE ZUKUNFT!

EDITION DEBATTE

REDLINE | VERLAG

Bibliografische Information der Deutschen Nationalbibliothek:
Die Deutsche Nationalbibliothek verzeichnet diese Publikation in der Deutschen Nationalbibliografie; detaillierte bibliografische Daten sind im Internet über http://d-nb.de abrufbar.

Für Fragen und Anregungen: sinn@redline-verlag.de

1. Auflage 2013

Nymphenburger Straße 86
D-80636 München
Tel.: 089 651285-0
Fax: 089 652096

Herausgeber der »Edition Debatte« im Redline Verlag:
Prof. Dr. Christoph Lütge und Jens Schadendorf, München

Umschlaggestaltung: Kristin Hoffmann, München
Satz: Carsten Klein, München
Druck: CPI – Ebner & Spiegel, Ulm
Printed in Germany

ISBN Print 978-3-86881-486-6
ISBN E-Book (PDF) 978-3-86414-442-4
ISBN E-Book (EPUB, Mobi) 978-3-86414-443-1

INHALT

VORWORT

Zehn Jahre ist es her: Im Jahr 2003 wurde die für unser Land so einschneidende Agenda 2010 beschlossen. Die Agenda-Gesetze waren umstritten, und sie sind es teilweise noch. In jedem Fall aber waren und sind sie erfolgreich – auch wenn Diskussionen darüber, wo sie Unerwünschtes bewirken und wie dies zu beseitigen wäre, unbedingt zu führen sind.

In etwa zeitgleich mit dem Agenda-Aufbruch erschienen die ersten Auflagen des Reformbuches *Ist Deutschland noch zu retten?* von Hans-Werner Sinn, Präsident des renommierten ifo Instituts für Wirtschaftsforschung. Auch Sinns Buch war erfolgreich, es wurde zum Verkaufsrekorde brechenden und mehrfach preisgekrönten Bestseller. Ein Zufall ist das wohl nicht, denn mit der Agenda 2010 hatte Sinn mehr zu tun, als viele wissen. Wolfgang Wiegard, ehemals Mitglied des Sachverständigenrats zur Begutachtung der wirtschaftlichen Lage, beschrieb Hans-Werner Sinns Vorarbeiten in einem Leserbrief an den *Spiegel* als »intellektuelle Grundlage der Agenda 2010«. Spätestens seit dieser Zeit ist Sinn eine breit wahrgenommene öffentliche Person, der mit ihrer unbestechlichen ökonomischen Fachkompetenz zugehört wird, die als streitbar gilt und manchmal auch aneckt. Für eine fruchtbare Diskussion in Öffentlichkeit und Politik ist diese Kombination unverzichtbar.

Vor zehn Jahren war ich Hans-Werner Sinns Verleger. Nun, genau eine Dekade nach dem von ihm mitfundierten Agenda-Reformschub, wollte ich von ihm wissen, wie er unsere wirtschaftliche Entwicklung seither einschätzt und wo wir heute reformerisch aktiv werden müssen, um auch morgen und übermorgen gut leben können. Diese Fragen schienen mir mehr als berechtigt. Denn auf den ersten Blick mag es uns derzeit im Vergleich zu unseren europäischen Freunden gut gehen. Doch nur dies wahrzunehmen, ist trügerisch. Zugleich nämlich jagt eine Krise die nächste. Einige der Krisen treten deutlich zutage, etwa die europäische Finanzkrise. Andere schleichen sich unspektakulärer ins Bewusstsein, etwa die Krise der Alterssicherungssysteme, die Krise um die sogenannte Energiewende, die Krise des nachlassenden Vertrauens in unsere Politiker, in die Sinnhaftigkeit einer dezentral gelenkten Marktwirtschaft, in unsere demokratischen Institutionen und anderes mehr. Braucht es also eine neue »Agenda« – wie auch immer man sie dann nennen würde? Und welche Themen müsste sie angehen? Dieses kompakte Büchlein ist kein wissenschaftliches Werk, sondern auf eine ganz andere Art und Weise sehr fundiert, sehr kämpferisch und sehr persönlich zugleich. Denn es ist das Ergebnis mehrerer längerer Gespräche, die ich mit dem Autor im Winter 2012/2013 habe führen können. Diese interviewhaften Gespräche hatten den Vorteil, dass sie den Leser, vertreten durch mich, dort abholten, wo er sich gedanklich befinden könnte. Im Anschluss gab es eine Niederschrift, in der Themen geordnet wurden, und danach fanden zahlreiche gründliche Überarbeitungen und Ergänzungen durch den Autor statt. Einerseits blieb so die Dynamik und emotionale Lebendigkeit des persönlichen Gesprächs erhalten, andererseits wurden die rationalen Argumente vertieft. Daraus entwickelte sich eine Bestandsaufnahme wichtiger Herausforderungen, vor denen Deutschland heute steht. Natürlich gehört dazu auch unbedingt die Bewältigung der Eurokrise. Wir entschieden uns jedoch, in diesem Buch die europäische Finanzkrise und die Zukunft Europas nur am Rande zu streifen. Nicht weil diese Themen nicht wichtig und dringlich wären – das Gegenteil ist der Fall –, sondern weil Hans-Werner Sinn sich ihrer im Herbst 2012 mit seinem breit diskutierten Werk *Die Target-Falle* bereits gründlich angenommen hatte. Wir konzentrierten uns stattdessen auf jene wichtigen Reformhausaufgaben, die unser Land auch ohne seine europäischen Partner selbstverantwortlich und zeitnah angehen wollte und die infolge der Eurokrise zu sehr aus dem Blick geraten sind. Zu nennen sind etwa die gezielte Weiterentwicklung der Agenda 2010, das Fiasko der sogenannten Energiewende, die Überwindung der Diskriminierung von Familien, Müttern und Kindern, der demografisch induzierte drohende Fachkräftemangel, die Eindämmung des massiv anschwellenden Zuwanderungsstroms, der unseren Sozialstaat bedroht, oder das Unvermögen unserer Politik, langfristig tragfähige Entscheidungen zu treffen. En passant entstanden so erste Konturen eines neuen wirtschafts- und sozialpolitischen »Zukunftsprogramms für Deutschland«. Es wird Zeit, dass wir die darin formulierten Herausforderungen fester in den Blick nehmen und dabei nicht mehr nur »auf Sicht« fahren.

»Verspielt nicht unsere Zukunft«, ruft uns Hans-Werner Sinn mit diesem Buch zu: fachlich gewohnt versiert und kämpferisch, exakt auf den Punkt gebracht und verfasst mit dem Willen zu Aufklärung und Einmischung. Sinn bezieht teils unbequeme Standpunkte und ergreift Partei für das aus seiner Sicht politisch Richtige. Und doch ist er kein Mitglied einer politischen Partei und als Professor und Präsident eines staatlich geförderten Forschungsinstituts unabhängig und keinen wirtschaftlichen Einzelinteressen verpflichtet. Er äußert sich als Wissenschaftler und als engagierter Bürger, dem das Schicksal des Landes und seiner Menschen am Herzen liegt. Seine Meinungen sind sachlich und wissenschaftlich begründet, und sie decken sich mit dem gesunden Menschenverstand. Dass sie sich nicht immer mit dem decken, was heute Mehrheiten in Politik, Medien und Gesellschaft denken mögen, ist die Basis der intensiven Diskussion, die dieses Büchlein anstoßen will.

Jens Schadendorf
Co-Herausgeber der »Edition Debatte« im Redline Verlag
München, im April 2013

Aufrütteln und verändern

Herr Sinn, Sie gelten hierzulande nicht nur als einer der einflussreichsten Ökonomen, sondern auch als ein die Vernunft beschwörender Mahner und Aufrüttler. Politiker in Berlin und anderswo wollen Ihre Ratschläge dennoch nur allzu oft vom Tisch wischen ...

Unabhängig davon, was Politiker mit meinen Vorschlägen machen: Ich bin primär der deutschen Öffentlichkeit, also den Bürgern verpflichtet. Als Hochschullehrer und Präsident des ifo Instituts verdanke ich ihnen über die von ihnen gezahlten Steuern auch mein Gehalt. Wenn ich also informiere, aufkläre und aufrüttle, wie Sie sagen, so tue ich das nicht als Selbstzweck. Es ist mein Auftrag, mich zur Wirtschafts- und Finanzpolitik öffentlich zu äußern und Debatten zu initiieren und zu führen, wo ich es für sinnvoll halte. Betriebswirte helfen Betrieben und Volkswirte Völkern. Ich bin Volkswirt – in Diensten der deutschen Bürger und dem Ziel der guten Nachbarschaft in Europa verpflichtet.

Die Wirtschaftspolitik ist dabei der Kern meines Forschungsfeldes »Finanzwissenschaft«, und genau hier habe ich zu informieren und aufzurütteln. Die Finanzwissenschaft beschäftigt sich *nicht* vorrangig mit der Finanz*wirtschaft,* wie man vielleicht meinen könnte, sondern mit dem Staat und der Gesellschaft. Es handelt sich um einen historischen Begriff, der auf die staatlichen Finanzen statt auf die privaten abstellt. Finanzwissenschaft ist, vereinfacht ausgedrückt, die Lehre davon, was der Staat in einer Marktwirtschaft wie der unseren tut und tun sollte – also die Lehre davon, wo staatliche Eingriffe in das Marktgeschehen richtig sind und wo nicht. Es geht darum, die Grenzlinie zwischen Staat und Markt zu ziehen und sinnvolle von unsinniger Staatsintervention zu unterscheiden sowie die geeigneten Instrumente für die staatliche Wirtschaftspolitik zu finden. Das Geschäft des Finanzwissenschaftlers, beziehungsweise des Volkswirtes im Allgemeinen, ist es also, die Marktfehler zu analysieren, darauf aufbauend sinnvolle Regulierungssysteme zu entwickeln und umgekehrt auch falsche Regulierungen zu kritisieren. Und daher frage ich heute: Was ist für die Menschen in Deutschland die richtige Wirtschaftspolitik? In Bezug auf den Euro, in Bezug auf den Arbeitsmarkt, in Bezug auf die Sicherheit der Rentenkassen, in Bezug auf die Banken, in Bezug auf die Umwelt und viele andere zentrale Bereiche. Es ist meine Verantwortung, diese wissenschaftlich begründbaren Erkenntnisse auch in die Öffentlichkeit zu tragen, in der Hoffnung, dass meine Argumente im politischen Prozess benutzt werden und zu einer rationaleren, zu einer besseren, langfristig tragfähigen Politik beitragen.

Das ist mein Anspruch. Das ist meine Hoffnung. Das ist auch meine Leidenschaft. Allerdings habe ich nicht die Illusion, dass meine Vorschläge im Politikbetrieb immer willkommen sind oder gar umgesetzt werden. In der Politik sind Interessen und Kräfte im Spiel, die den besten Argumenten oft nicht zuträglich sind. Dabei sind manche Argumente, die ich vorbringe, wissenschaftlich betrachtet unabweisbar, und sie müssten daher im Grunde sofort zu einer Politikänderung führen. Das tun sie aber nicht. Auch wenn ich die andersartige Logik des politischen Geschehens in Berlin, Brüssel und anderswo verstehe, stört mich die Ignoranz vieler Politiker gegenüber rational fundierten ökonomischen Argumenten. Sie macht mich ungeduldig – denn genauso, wie ich mich selbst als Wissenschaftler in der Verantwortung gegenüber der Gesellschaft sehe, so sehe ich Politiker in einer solchen Verantwortung.

Der Grund für die Beratungsresistenz der Politik liegt darin, dass die Politiker andere Beschränkungen und Ziele ihres Handelns berücksichtigen, als der Ökonom oder auch der Jurist bei seinen Politikempfehlungen legitimerweise berücksichtigen darf. Für einen Politiker ist der ökonomische oder juristische Sachzwang nur eine Beschränkung unter vielen. Er will, dass seine Partei wiedergewählt wird, er will die Opposition ausstechen, er will, dass bestimmte Themen gar nicht erst in der Öffentlichkeit problematisiert werden, er will nicht beim nächsten Gipfeltreffen der EU kämpfen müssen und Prügel einstecken und, und, und ... Das ist auch für einen Wissenschaftler nachvollziehbar, aber er darf solche Beschränkungen bei seinen Politikempfehlungen trotzdem nicht berücksichtigen, denn es geht schließlich um das Wohl der Bürger und nicht um das Wohl der Politiker oder der Parteien. Ökonomen und Juristen wie etwa der vielzitierte »Professor aus Heidelberg« werden von der Politik deshalb häufig als störend empfunden. »Jetzt kommen die also auch noch mit ihren Sachzwängen, als hätte man nicht genug Sorgen am Hals!«, wird sich manch ein Politiker denken, wenn sich wieder einmal ein Wissenschaftler mit unbequemen Wahrheiten zu Wort meldet.

Das ist der Grund dafür, dass viele Politiker solche Ökonomen und Juristen nicht mögen, die ihren selbst gesetzten Beschränkungen der Handlungsspielräume nicht das gleiche Gewicht zu geben bereit sind wie sie selbst. In der Krise zeigt sich das besonders deutlich. Der Politik genehm sind Wissenschaftler, die sich, entweder mangels eigener analytischer Kraft oder aus Karrieregründen, wohlfeil der normativen Kraft des Faktischen beugen und der Regierung helfen, die selbst gesetzten roten Linien zu verschieben, damit man sie nicht überschreiten muss. Nicht oder weniger willkommen ist dagegen der Rat jener Wissenschaftler, die unnachgiebiger sind – zum Beispiel in der Eurokrise, wenn sie nachweisen, dass die politischen Entscheidungen die Grundpfeiler des Maastrichter Vertrages zerstören oder dass eine auf kurzfristige Befriedung der Kapitalmärkte ausgerichtete Politik langfristig schädlich ist. Bedauerlich finde ich es, dass politische Entscheidungsträger häufig kritische Wissenschaftler nur auf der persönlichen, emotionalen Ebene wahrnehmen und sie als »streitbar« empfinden, ohne sich gedanklich mit ihrer Argumentationsführung auseinanderzusetzen. Indem der Rat solcher Wissenschaftler nicht angenommen oder zumindest nicht ernsthaft diskutiert wird, machen Politiker Fehler, für die wir, die Bürger, langfristig zu bezahlen haben. Das gilt für die Politik zur Rettung des Euro – das gilt aber auch für andere wirtschaftspolitische Aufgaben.

Jenseits des Euro: Was Deutschland endlich anpacken muss!

Wird nicht über der dringend zu bewältigenden Eurokrise vergessen, dass es auch dringenden spezifisch deutschen Reformbedarf gibt? Sie haben vor genau zehn Jahren den für die deutsche Reformdiskussion prägenden Bestseller ***Ist Deutschland noch zu retten?*** *geschrieben und darin ein »6+1-Programm für den Neuanfang« formuliert. Was ist in den letzten Jahren passiert? Wo ist viel erreicht worden? Und wo braucht es dringend wieder einen Neuanfang oder gar eine neue Agenda, wie auch immer man sie nennen mag?*

In der Tat: Die Eurokrise überlagert vieles, wohl zu vieles. Natürlich bleibt die vernünftige Bewältigung der Eurokrise sehr wichtig und dringlich. Aber dabei darf es nicht bleiben, denn vor dem Hintergrund global weiter wachsenden Wettbewerbsdrucks müssen wir auch hierzulande unsere Hausaufgaben erkennen, benennen und angehen. Selbst wenn der Euro wieder auf die Beine kommt, was ich nicht für sicher halte, dürfen wir nicht alles andere liegenlassen.

Machen wir das Schritt für Schritt, soweit es relevant ist – wobei wir wohl noch weiter blicken müssen, als ich das damals tat. Die Energiewende etwa gab es so vor zehn Jahren ja noch nicht.

Der *erste Punkt* des damals von mir vorgeschlagenen 6+1-Programms rief zur »Kehrtwende bei den Tarifvereinbarungen« auf. Die ist zum Teil geschehen. Insbesondere wurde die Forderung nach Verlängerung der Arbeitszeit bei gleichem Lohn realisiert. Das ist gut. Nicht realisiert wurde meine Forderung »Sparlohn statt Barlohn«. Die Chance, die Arbeitnehmer stärker an den Betrieben zu beteiligen, wurde nicht genutzt. Das muss nachgeholt werden.

Zweitens forderte ich: »Weniger Macht für die Gewerkschaften, weg mit starren Flächentarifen und mehr betriebliche Tarifautonomie«. Da ist allerlei passiert. Die betrieblichen Vereinbarungen haben an Bedeutung gewonnen, und die Gewerkschaften wurden flexibler. Sie mussten auch flexibler werden, denn die zunächst bis 2005 noch wachsende Massenarbeitslosigkeit, insbesondere der bis zum heutigen Tage zu beobachtende Stellenabbau im Verarbeitenden Gewerbe, zwang sie dazu.

Leider gibt es bei der Tarifautonomie inzwischen eine extrem gefährliche Fehlentwicklung hin zu den berufsständischen Gewerkschaften, die Einzelinteressen kleiner Berufsgruppen wahrnehmen und die Macht haben, ganze Betriebe lahmzulegen. Man denke nur an das Flugpersonal, die Vorfelddienste bei Flughäfen oder Klinikärzte. Solche berufsständischen Gewerkschaften sind das Allerschlimmste, was einem Land passieren kann. Wenn in einem Betrieb mehrere solcher berufsständischen Gewerkschaften aktiv sind, verfolgt eine jede ihre speziellen Interessen besonders rigoros – mit dem Ergebnis, dass sie sich im Endeffekt gegenseitig und auch dem Betrieb insgesamt massiv schaden. Eine jede dieser Gewerkschaften sagt sich: »Auch wenn der Lohn der von uns vertretenen Mitglieder massiv erhöht wird, gehen nicht gleich ganze Betriebe unter, denn unsere Leute stellen ja nur einen Teil des Ganzen dar.« Wenn jedoch alle Gewerkschaften so denken und handeln, dann geschieht eben genau das: Betriebe werden in ihrer Wettbewerbsfähigkeit zunächst massiv geschwächt und gehen dann im Extremfall unter. Die Leidtragenden sind die Arbeitnehmer selbst und die Gesellschaft insgesamt. Dieses Phänomen konnte man anhand der Deindustrialisierung Englands in der Nachkriegszeit genau beobachten; wir sollten es als mahnendes Beispiel nicht vergessen. Ich bin hier voll auf Seiten des Deutschen Gewerkschaftsbunds, der die neuen Gewerkschaften kritisiert. Das bisherige Gewerkschaftssystem muss erhalten werden und darf nicht durch die berufsständischen Gewerkschaften ausgehöhlt werden. Das setzt allerdings voraus, dass die DGB-Gewerkschaften ihre Politik zur Reduktion der Spreizung der Löhne durch Sockellohnvereinbarungen aufgeben und zu einer vernünftigen internen Lohndifferenzierung der verschiedenen Tätigkeiten in einer Branche zurückkehren. Obwohl die berufsständischen Gewerkschaften bislang noch nicht sehr zahlreich sind, haben sie durch ihre Blockadepolitik doch bereits erhebliche volkswirtschaftliche Schäden verursacht, man denke etwa an die Lokführer. Und da sie von Jahr zu Jahr wichtiger und mächtiger werden, ist hier die höchste Alarmstufe für die deutsche Volkswirtschaft angesagt. Man muss den Anfängen wehren!

Die Politik, aber auch der Deutsche Gewerkschaftsbund sind hier in besonderer Verantwortung!

Drittens forderte ich vor zehn Jahren: »Weniger Geld für das Nichtstun, mehr Geld für das Mitmachen«. Mit der Agenda 2010 hat die Regierung Schröder in diesem Punkt genau den richtigen Weg eingeschlagen. Die Arbeitslosenhilfe wurde beseitigt, und Langzeitarbeitslose wurden auf die Sozialhilfe heruntergestuft, die man Arbeitslosengeld (ALG) II oder auch Hartz IV nannte. Zugleich wurde der Sozialhilfe ein Lohnzuschusselement beigefügt, indem man einen zusätzlichen privaten Verdienst nicht mehr eins zu eins auf die Sozialhilfe anrechnete, sondern in weiten Bereichen nur noch zu 80 Prozent. Das war zwar immer noch viel, aber weniger als die 100 Prozent, die vorher bei der Sozialhilfe üblich waren. Man hat durch diese Regel die steile Eigernordwand, die das Abgabensystem – bildlich gesprochen – für Geringverdiener darstellt, etwas abgeflacht, sodass sie erstiegen werden konnte. Wir haben heute etwa 1,5 Millionen Menschen in Deutschland, die nicht allein auf ihr Arbeitseinkommen für den Lebensunterhalt angewiesen sind, sondern mithilfe eines Lohnzuschusses über das

Niveau der Armutsgefährdung und über die Sozialhilfe hinaus angehoben werden. Linke nennen diese Menschen nicht selten verächtlich »Aufstocker«. Dieser Begriff ist falsch. Denn er suggeriert, durch den Lohnzuschuss käme man nur auf das Niveau der Sozialhilfe oder auf den Sockelbetrag des ALG II. Das ist aber nicht der Fall. Man wird deutlich darüber hinausgehoben. Es handelt sich um einen Lohnzuschuss, also einen echten Zuschuss zum Arbeitseinkommen, der das Gesamteinkommen vergrößert. Diese Reformen der Agenda 2010 näherten sich dem an, was ich zusammen mit anderen Wissenschaftlern des ifo Instituts schon im Mai 2002 unter dem Namen »Aktivierende Sozialhilfe« gefordert hatte.

Die Agenda 2010 diente dazu, den impliziten Mindestlohn, der durch die Lohnersatzleistungen des Sozialsystems gebildet wurde, zu senken, um auf diese Weise mehr Stellen zu schaffen, ohne dabei zugleich die Einkommen der Betroffenen zu senken. Die Einkommen sollten ja durch die Lohnzuschusselemente gestützt und erhöht werden. Indem weniger Geld für das Wegbleiben und mehr für das Mitmachen gezahlt wurde, sollte der Anspruchslohn fallen, also jener kritische Lohn, unterhalb dessen der Sozialstaat attraktiver als die Arbeit wirkte. Mit dem Anspruchslohn sollte auch der tatsächliche Lohn für einfache Arbeit gesenkt werden, um auf diese Weise mehr Stellen zu schaffen. Unternehmer haben immer viele Ideen für Geschäftsmodelle im Kopf, aber viele lohnen sich für sie nicht, weil die Kosten die Erträge übersteigen. Fällt der Lohn, dann rutschen mehr von diesen Ideen in den Rentabilitätsbereich hinein und werden realisiert. Deshalb führt eine Lohnsenkung zu einer Verminderung der Arbeitslosigkeit.

Das Schrödersche Agenda-Programm war überaus erfolgreich. Die Lohnskala spreizte sich nach unten hin aus, ohne dass die Einkommensverteilung ungleicher wurde. Der sogenannte Gini-Koeffizient, der die Ungleichheit der Nettoeinkommen misst, lag nach den Ergebnissen des neuesten Armuts- und Reichtumsberichts der Bundesregierung im Jahr 2005 bei 0,29, und heute hat er einen Wert von 0,28. Die Ungleichheit hat also in Deutschland trotz der lohnsenkenden Wirkung der Agenda nicht zugenommen. Sie ging sogar etwas zurück, was an den Lohnzuschüssen gelegen haben könnte. Zugleich fiel die deutsche Arbeitslosenquote von ca. 12 Prozent im Jahr 2005 auf nur noch 6,8 Prozent im Jahr 2012.

Angesichts dieses Erfolgs, den die Agenda-Reformen mit der Senkung des Mindestlohns bewirkten, wundert es mich sehr, dass Bundeskanzlerin Merkel plötzlich für allgemeinverbindliche Mindestlohnregeln für die einzelnen Branchen eintritt. Sie nennt das nicht Mindestlohn, wie es Sozialdemokraten und Grüne tun, sondern Lohnuntergrenze, aber gemeint ist im Wesentlichen dasselbe. Damit kassiert eine bürgerliche Regierung aus wahltaktischen Gründen eine im Kern liberale Reform, für die eine eher als links angesehene Regierung seinerzeit vom Wähler abgestraft wurde. Die Geschichte geht manchmal eigenwillige Wege, in diesem Fall leider keine guten.

Als *vierten Punkt* hatte ich vor zehn Jahren gefordert, den sogenannten »Zuwanderungsmagneten« abzuschalten. Das haben wir nicht hinbekommen. Es gibt nach wie vor und mehr denn je teure Zuwanderung, etwa von Rumänen und Bulgaren, in den deutschen Sozialstaat. Der Deutsche Städtetag hat im Januar 2013 zu Recht Alarm geschlagen, um die Öffentlichkeit darauf aufmerksam zu machen, dass die Städte der Zuwanderer in das Sozialsystem nicht mehr Herr werden. Auf diesen Punkt sollten wir später noch einmal zurückkommen, denn das Problem wird sich verschärfen. Aber zunächst:

Fünftens »eine radikale Steuerreform«. Auch diese Reform haben wir in der letzten Dekade leider nicht angepackt, denn der Staat brauchte das Geld. Die Massenarbeitslosigkeit belastete den Sozialstaat, die deutsche Wiedervereinigung kostete Jahr für Jahr um die 80 Milliarden Euro, und viele andere Ausgaben waren festgezurrt. Ich habe Verständnis, dass es zu einer großen Reform nicht kam. Auch aus heutiger Sicht kommen Steuersenkungen leider nicht mehr in Frage, weil inzwischen die Lasten der Rettungsaktionen absehbar sind. Aber anderes wäre möglich – auch darauf sollten wir noch einmal zurückkommen.

Sechstens hatte ich für »Kindersplitting und die Kinderrente« plädiert. Diese Elemente sind nicht eingeführt worden. Die Geburtenzahlen sind immer noch die niedrigsten unter allen entwickelten Ländern der Erde. Ein Kindersplitting nach französischem Muster und eine wesentlich stärkere Berücksichtigung der Kinder in der Rentenformel sind unerlässlich, wenn Deutschland eine Zukunft haben will.

Die *siebte Forderung* schließlich lautete »Neuer Schwung in den neuen Ländern«. Den haben wir auch nicht erzeugen können. Der Osten hinkt nach wie vor hinter dem Westen her. Die Konvergenz ist seit Mitte der 1990er Jahre zum Erliegen gekommen und das hat sich auch in den letzten zehn Jahren nicht geändert. Die neuen Bundesländer wachsen seit Mitte der 1990er Jahr in etwa so schnell wie die alten, in letzter Zeit eher etwas langsamer. Die Annäherung des BIP pro Kopf auf mittlerweile 66 Prozent des Westniveaus ist allein der Verringerung der Zahl der Köpfe im Osten zu verdanken. Die neuen Bundesländer zeigen, was mit einem Gebiet passiert, das gemäß der Idee vom Primat der Politik mittels Transfers aus anderen Regionen gestützt werden soll. Die Transfers führen zu künstlichen Lohnerhöhungen, schwächen die Selbstheilungskräfte der Wirtschaft, verhindern das Entstehen von Arbeitsplätzen und unterminieren die wirtschaftliche Entwicklung. Die Jungen und Besserqualifizierten, die für sich in einem stagnierenden Umfeld keine Chancen mehr sehen, wandern ab, und die Rentner bleiben. Ökonomische Dynamik entsteht so nicht.

Bei näherer, auch nur kurzer Betrachtung ist es wirklich interessant, wie viele wirtschafts- und sozialpolitische Hausaufgaben in den letzten Jahren nicht erledigt wurden. Die uns derzeit alle beschäftigende europäische Finanzkrise kann das in keinem Fall entschuldigen.

Arbeit, Armut, Steuer – aber richtig!

Welche dieser unerledigten Hausaufgaben sind heute besonders wichtig und dringlich?

Die Agenda 2010 muss fortgesetzt und weiterentwickelt werden. Die eben genannten Punkte geben dabei eine Stoßrichtung vor. Vieles ist passiert, vieles aber eben auch nicht. Da schlummern Gefahren für die Zukunft – und für einen neuen Reformstau. Die Bundesregierung, welche Parteien auch immer daran beteiligt sein werden, sollte sich daher nicht auf den Schröderschen Lorbeeren ausruhen, sondern selbst aktiv werden.

Statt den flächendeckenden Mindestlohn zu favorisieren, sollte sie die Lohnflexibilität erhalten und weiter erhöhen. Wir haben trotz aller Fortschritte immer noch knapp drei Millionen Arbeitslose zu viel. Die Agenda-Reformen würde ich deshalb durch eine konsequente Verbesserung der Hinzuverdienstmöglichkeiten und ein flächendeckendes Angebot kommunaler Arbeit als Gegenleistung für den Eckregelsatz des Arbeitslosengeldes ausbauen. Es gibt viel zu tun in Deutschland. Die Infrastruktur ist in häufig sehr schlechtem Zustand.

Lohnflexibilität ist heute im Übrigen kein Synonym mehr für Lohnsenkungen, denn die deutsche Wirtschaft ist nach der lang anhaltenden Flaute, die nach der Ankündigung des Euro auf dem Gipfel von Madrid im Jahr 1995 einsetzte, inzwischen wieder erstarkt, und die Arbeitslosigkeit geht zurück. Das sind Bedingungen für steigende statt für fallende Löhne.

Der Grund für das Wiedererstarken der Wirtschaft liegt zum einen in den Schröderschen Reformen selbst. Zum anderen liegt sie in der Eurokrise. Vor der Krise wurde das deutsche Sparkapital von den Banken und Versicherungen bedenkenlos ins Ausland getragen. Man übersah die Risiken und finanzierte direkt oder indirekt die dubiosesten Projekte, vor allem Immobilieninvestitionen in den südeuropäischen Ländern und den USA. Mit der Krise wurde das alles anders. Das deutsche Sparkapital blieb angesichts der stürmischen See im sicheren Heimathafen und finanzierte nun deutsche Projekte. Die Bauzinsen sind auf dem niedrigsten Niveau der deutschen Geschichte, und reiche Leute investieren ihr Geld zuhause. Das hat Deutschland seit dem Herbst 2009 einen fulminanten Wirtschaftsboom verschafft. Dieser Boom führte zu einem weiteren Rückgang der Arbeitslosigkeit. Die Nachfrage nach Arbeitskräften stieg, und die Unternehmen konkurrierten mit höheren Löhnen um Facharbeiter, Ingenieure und viele andere Arten von Arbeitskräften.

Insgesamt ist das eine sehr gesunde Entwicklung, die wir in den vielen Jahren zuvor, als der Euro zu funktionieren schien, nicht kannten. Hoffen wir, dass sie anhält und sich die Wettbewerbsfähigkeit der Wirtschaft der südlichen Euroländer – möglicherweise außerhalb des Euroraumes – wieder deutlich verbessern wird. Die Wettbewerbsfähigkeit war dort verloren gegangen, weil der Euro zu viel Kapital dorthin lenkte und eine kreditfinanzierte, inflationäre Wirtschaftsblase entstehen ließ. Nun besteht die Chance auf die Selbstkorrektur dieser Fehlentwicklungen. Damit sie genutzt werden kann, muss man aber die Marktkräfte auch wirken lassen. Exzessive Rettungsschirme, die dem Kapital deutscher Sparer sozusagen Geleitschutz auf dem Weg in andere Länder geben, unterminieren den Selbstheilungsprozess des Euroraums, weil sie den Anreiz senken, das Sparkapital in Deutschland zu investieren und den Aufschwung der deutschen Wirtschaft wieder abschwächen, was die Nachfrage nach Arbeitskräften in Deutschland und die Bereitschaft der Unternehmen, im Wettbewerb untereinander höhere Löhne zu bieten, wieder verringert.

Manchmal wird die Meinung vertreten, man solle dann eben die Löhne in Deutschland durch aggressivere Tariflohnvereinbarungen steigern, die über den Produktivitätszuwachs hinausgehen. Aber davor kann man nur warnen. Solche Maßnahmen riefen eine kostengetriebene Inflation hervor, die uns sehr viele Stellen kosten und unsere Wirtschaft in die Stagflation treiben würde. Eine deutsche Stagflation, also die Kombination aus Stagnation und Inflation, ist das Letzte, was Deutschland und die südlichen Länder gebrauchen könnten, denn wenn es uns schlecht geht, kaufen wir die Produkte der südlichen Länder nicht.

Das muss man auch denen entgegenhalten, die in Deutschland einen gesetzlichen Mindestlohn einführen wollen. So richtig es ist, dass die Löhne wieder steigen, so falsch ist es, den Anstieg durch staatliche Maßnahmen zu beschleunigen. Das kann nur schiefgehen. Ich muss in dem Zusammenhang immer an die elektrische Drehtür beim Flughafen denken. Wenn man langsam geht, kommt man gut durch, wenn man hingegen drängelt, bleibt die Tür stehen.

Ich hatte vor zehn Jahren unter dem Punkt »Weniger Geld fürs Nichtstun, mehr Geld für Jobs« auch »Frühverrentung bei freiem Hinzuverdienst« gefordert. Das bleibt wichtig. Und genauso wichtig ist es, das Lohnzuschusselement weiter zu stärken. Diese beiden Dinge haben uns bereits ein Jobwunder gebracht und darauf sollte man entschlossen aufbauen, um die restlichen drei Millionen Arbeitslosen auch noch weitgehend in Arbeit zu bringen. Als ich studierte, um das Jahr 1970, hatten wir gerade einmal zwei- bis dreihunderttausend Arbeitslose in Deutschland. Die Gewöhnung an die drei Millionen von heute, die einige gar als »natürlich« ansehen, fällt mir schwer. Die Lohnzuschussstrategie ist wirklich besser für alle Beteiligten, insbesondere die Arbeitslosen selbst, denn sie hätten ein höheres Einkommen und einen höheren Lebensstandard als heute.

Was halten Sie von Diskussionen, das derzeitige Konzept der sogenannten Minijobs zu ändern? Und wie sehen Sie die mancherorts geäußerten Vorwürfe, im Gefolge der Wirkungen der Agenda-Gesetze sei es in den Unternehmen zu einem »Missbrauch« der Leiharbeit gekommen?

Warum soll man die Minijobs verändern? Sie sind ein Teil des Erfolgskonzepts der Agenda-Reformen. Das sind Jobs bis zu einem Einkommen von 450 Euro. Für sie muss der Arbeitnehmer keine Abgaben zahlen. Stattdessen übernimmt der Arbeitgeber pauschalierte Steuern und die Sozialversicherungsbeiträge. Die Minijobs haben natürlich nicht allen, aber doch vielen Menschen als Brücke in den ersten Arbeitsmarkt gedient und die Kosten der Arbeitslosenversicherung gesenkt.

Mit der Leiharbeit haben sie nicht unmittelbar zu tun. Leiharbeit heißt, dass es ein reguläres Arbeitsverhältnis mit einer Dienstleistungsfirma gibt und dass die Firma die Arbeitskräfte dann an einen Kunden ausleiht. Das bringt viele Vorteile. Der Arbeitnehmer hat eine feste Anstellung, doch der Kunde kann die Arbeitskräfte je nach Bedarf abrufen. Bei Belastungsspitzen und unregelmäßigem Arbeitsanfall ist das ein großer Vorteil. So kommen viele Tätigkeiten zustande oder bleiben erhalten, die sonst zu teuer wären oder wegrationalisiert würden. Die Leiharbeit hat Deutschland von Holland übernommen, wo sie seit langem mit großem Erfolg praktiziert wird. Im Grunde ist doch jede Dienstleistung ein Leiharbeitsverhältnis. Wenn ich einen Klempner bestelle, leihe ich ihn mir zeitweilig von der Klempnerfirma aus und erhalte dann eine Rechnung. Bei der formellen Leiharbeit entsteht zumeist ein längeres Beschäftigungsverhältnis. Der Übergang zur normalen Dienstleistung ist aber fließend. Wir leben zum Glück nicht in einer Planwirtschaft, wo die Politik die Aufgabe hat, die Natur von Beschäftigungsverhältnissen festzulegen.

Und wie stehen Sie zu der Diskussion »Acht Millionen können von ihrer Arbeit nicht leben«?

Ich kenne diese Zahl nicht und weiß nicht, wer sie wie berechnet hat. Wer in Deutschland eine Arbeit hat, ist in aller Regel nicht einmal armutsgefährdet, weil er für den Fall, dass das Arbeitseinkommen nicht ausreicht, mithilfe des Lohnzuschusses im Arbeitslosengeld (ALG) II über die Grenze der Armutsgefährdung gehoben wird. Das betrifft aber nur 1,5 Millionen Menschen und nicht 8 Millionen. Die Aussage, dass man von der eigenen Arbeit allein nicht leben kann, würde ich im Hinblick auf die Armutsgefährdung nur für diese 1,5 Millionen Menschen gelten lassen. Aber genau diese Personengruppe muss ja auch nicht von der eigenen Arbeit leben, denn das ALG II tritt zum Lohn noch hinzu.

Es ist im Übrigen besser, durch einen Lohnzuschuss über die Schwelle der Armutsgefährdung gehoben zu werden, als keine Arbeit zu haben und sich dann mit einem Einkommen unterhalb dieser Schwelle zufriedengeben zu müssen. Die politische Propaganda hat uns eingebläut, dass man Arbeit zu einem Lohn, von dem man nicht leben kann, verbieten müsse. Das klingt gut, ist aber schlecht, denn wenn man den Lohn für einfache Arbeit erhöht, steigt die Arbeitslosigkeit, weil sich ein Teil der Stellen dann nicht mehr rentabel bewirtschaften lässt. Das verschweigen diejenigen, die fordern, dass jeder von seiner Hände Arbeit leben können müsse. Um dieses Postulat umzusetzen, müsste man den Unternehmen eine Beschäftigungspflicht auferlegen. Eine solche Beschäftigungspflicht kennen wir aus der DDR. Sie würde die Marktwirtschaft zu einer Planwirtschaft machen, denn logischerweise müsste man die Gründung ganzer Unternehmen des Dienstleistungsgewerbes staatlicherseits anordnen. Ohne den Beschäftigungszwang bleibt das Postulat, dass jeder von seiner Arbeit leben können müsse, eine Utopie, und mit einem solchen Beschäftigungszwang kehren wir zum Kommunismus zurück.

Mein Leitspruch ist ein anderer. »Jeder, der arbeiten will, muss arbeiten können – und dann genug zum Leben haben.« Das ist die Forderung, die ich bereits im Frühjahr 2008 propagiert habe, eine Forderung im Übrigen, die Angela Merkel – zumindest rhetorisch – übernommen hatte. Dass jeder, der arbeiten will, auch Arbeit findet und dann am Ende durch den Lohnzuschuss genug zum Leben hat, ist keine utopische Forderung, sondern prinzipiell in der Marktwirtschaft realisierbar.

Was mich vor allem beunruhigt, ist der Umstand, dass die Forderung nach einem Lohn, der jeden Arbeitswilligen bereits über die Schwelle der Armutsgefährdung hebt, viele Menschen in die Arbeitslosigkeit treibt und somit aus der Gesellschaft ausgrenzt. Mit der Umsetzung dieser Forderung wird ein Proletariat von Außenseitern geschaffen. Es ist menschenunwürdig, die Anreize in einem Sozialsystem so zu stricken, dass Lohnansprüche oberhalb der Produktivität aufgebaut werden, denn mit der Arbeitslosigkeit, die man dadurch verursacht, versündigt man sich an den Familien, insbesondere an den Kindern, die den Weg in ein geregeltes Berufsleben gar nicht erst kennenlernen.

Damit wären wir im Übrigen beim Thema Armut, das, wie die jüngste Diskussion um den Armutsbericht zeigt, wieder stärker im Fokus steht. Zu Recht? Ich denke nicht. Nach OECD-Definition, der auch die deutsche Statistik folgt, gibt es keine Armut bei Personen, die dauerhaft in Deutschland ansässig sind und insofern Anspruch auf soziale Leistungen haben. Nach dieser Definition ist man arm, wenn man weniger als 40 Prozent des mittleren Einkommens zum Leben zur Verfügung hat. Das gilt in Deutschland für niemanden, der hier ein Daueraufenthaltsrecht hat, weil die staatliche Grundsicherung einschließlich der Übernahme der Unterkunftskosten bereits 44 Prozent des mittleren Einkommens absichert. Viele Leute verwechseln Armut mit der Armutsgefährdung. Letztere fängt nach der von den OECD-Staaten vereinbarten Definition bei 60 Prozent des mittleren Einkommens an. Natürlich ist ein Hartz-IV-Empfänger, wenn er keine Arbeit hat, armutsgefährdet. Gewisse Einkommensunterschiede zwischen den Arbeitenden und den Nichtarbeitenden werden immer bleiben. Aber wie gesagt: Praktisch jeder, der arbeitet, kommt in Deutschland über die Grenze der Armutsgefährdung hinaus, eben weil er ergänzendes Arbeitslosengeld II erhält, und über der Armutsgrenze liegt sowieso jeder.

Kommen wir noch einmal auf das Thema Steuern zurück. Eine radikale Steuerreform hat es in den letzten zehn Jahren aus den besprochenen Gründen nicht gegeben. Dennoch sollte doch wohl wenigstens ein Minimum an Reform angegangen werden ...

So ist es. Zu viele Politiker freuen sich darüber, dass die kalte Progression des Steuersystems dem Staat immer mehr Kaufkraft zuspült. Wenn die Wirtschaft wächst oder auch nur inflationiert, kassiert der Staat ganz automatisch einen immer größeren Prozentsatz der Wirtschaftsleistung. Obwohl der Einzelne seine relative Position in der Gesellschaft nicht verändert, nimmt ihm der Staat einen wachsenden Prozentsatz seines Einkommens weg, weil er, wie alle anderen, in immer höhere Stufen des progressiven Steuertarifs hineingeschoben wird. Das kann verhindert werden, wenn man den Steuertarif »auf Räder« stellt, wie ich es nenne. Dabei werden alle Freibeträge und alle Grenzen zwischen den Progressionsstufen Jahr um Jahr an die Erhöhung des nominalen Sozialprodukts angepasst. Es kann nicht sein, dass der Bürger darauf angewiesen ist, dass der Staat ab und an gnädigerweise die Steuersätze anpasst, um die kalte Progression zu kompensieren. Hierfür ist nicht einmal der Begriff »Steuersenkung« angebracht, denn es geht ja nur um den Verzicht auf die fortlaufenden Sonderzuwächse über das von Inflation und Wirtschaftswachstum vorgegebene Niveau hinaus.

Im Übrigen bedeutet ein Steuertarif auf Rädern auch, dass es gegebenenfalls auch bei Krisen bzw. Negativwachstum Anpassungen gibt. Dabei ist aber zu differenzieren: Wenn es sich nur um eine erkennbar temporäre Krise handelt, reagiert der Tarif auf Rädern nicht. Genauso wenig tut er das bei einem temporären Boom. Aber jenseits des Auf und Ab der Wirtschaft neutralisiert ein klug angelegter Steuertarif auf Rädern den Trend komplett – auch einen negativen.

Energiewunde statt Energiewende – Aussteigen aus dem Ausstieg

Vor einigen Jahren haben Sie ein kontrovers diskutiertes Buch mit dem Titel Das Grüne Paradoxon geschrie-

ben. Wenn Sie sich die Hauptargumente vergegenwärtigen und sie im Lichte dessen sehen, was seit Fukushima in Deutschland passiert ist: Wie schätzen Sie die seither getroffenen Maßnahmen ein, insbesondere mit Blick auf die sogenannte Energiewende? Wo sehen Sie den größten Handlungsbedarf?

Wir haben ein Klimaproblem. 85 Prozent des Endenergiebedarfs der OECD-Länder und auch der Bundesrepublik Deutschland werden aus fossilen Brennstoffen gewonnen. Davon müssen wir weg, denn das zusätzliche Kohlendioxid führt nachweislich zur Erwärmung der Erde. Die Ausbreitung der Wüsten zwingt die Menschen, in andere, bislang kühlere Gebiete der Erde zu wandern. Das wird erhebliche Kosten verursachen und vermutlich nicht friedlich ablaufen. Es besteht auch die Gefahr eines Umkippens des Naturhaushalts, was katastrophale Auswirkungen haben kann. Die empirische Beweiskraft für die Erwärmung ist trotz manch anderslautender Stellungnahmen in den letzten Jahren erdrückend.

Bislang schien die Atomkraft den Weg in eine klimaneutrale Energieversorgung zu ermöglichen. Wenn man jetzt sagt: »Keine Atomkraft und auch keine fossilen Energien!«, dann steht man mit ziemlich leeren Händen da. Das hat selbst Joschka Fischer vor einigen Jahren anerkannt. Die Vorstellung, dass man die Energieversorgung Deutschlands für Heizung, Maschinen, Verkehr und Stromversorgung mit Wind- und Sonnenstrom aus heimischen Quellen sichern könnte, ist nach heutigem Erkenntnisstand vollkommen abwegig. Norddeutschland ist bereits jetzt entstellt durch die vielen Windkraftanlagen, und trotzdem kommen nicht mehr als desillusionierende 2 Prozent des zu deckenden Gesamtenergiebedarfs dabei heraus. Wind- und Sonnenstrom zusammen liegen heute bei etwa 3 Prozent. Viele meinen, dass wir schon die Hälfte unserer Energie über Windkraft erzeugen, aber sie übersehen, dass die meiste Energie gar nicht in Form von Strom verbraucht wird. Nur etwa ein Fünftel des Gesamtenergiebedarfs wird in Form von Strom abgefordert, für die restlichen vier Fünftel braucht man derzeit andere, fast ausschließlich fossile Energieformen. Selbst bei der Stromerzeugung liefern Wind und Sonne im Übrigen nur einen kleinen Anteil von etwa 12 Prozent. Das passt alles überhaupt nicht zu dem Wirbel, der um den Windstrom gemacht wird, und zu dem Ausmaß der Landschaftsverschandlung durch Windräder, das wir schon ertragen müssen. Ich finde viele Widersprüche in der Argumentation der Kernkraftgegner.

Sicher, auch der Atomstrom hatte nur knapp 5 Prozent zur Endenergieversorgung beigetragen. Rein rechnerisch wird man ihn durch Wind- und Solarstrom ersetzen können. Indes ist dieser Strom wegen der unsicheren Verfügbarkeit extrem minderwertig. Das gilt insbesondere für den Solarstrom, der oft genau dann zur Verfügung steht, wenn man ihn nicht braucht, nämlich im Sommer und tagsüber, wenn es warm ist. Die instabilen Stromnetze werden uns in Zukunft noch sehr beschäftigen.

Es gibt weder eine richtige Analyse noch eine vernünftige Planung, die dem Abschaltbeschluss vorausging. Man kann allenfalls an der norddeutschen Küste Windstrom in nennenswertem Ausmaß erzeugen. Den aber muss man dann erst einmal in den Süden leiten. Wie Bayern, das vor Fukushima noch über die Hälfte seines Stroms aus Atomenergie bezog, darauf verzichten soll, weiß der Himmel. Das wird auf absehbare Zeit nicht gehen. Die unsichere Versorgungssituation ist Gift für die Investitionsplanung der deutschen Industrieunternehmen. Energieintensive Firmen wie die bayerische Wacker Chemie AG, die eine Spitzenstellung bei der Wafer-Produktion, dem Grundbaustein der Chips, innehat, verlagern Teile ihrer Aktivitäten schon jetzt nach Amerika.

Viele Firmen bauen inzwischen ihre eigenen Kraftwerke auf Basis von Öl und Kohle und versorgen sich damit. Das aber macht die Sache noch teurer und schmutziger. Alternativ müsste Deutschland viele Hundert Speicherseen oder viele Dutzende neuer Gaskraftwerke einsetzen, die in Reserve gehalten werden, um den Strom zu liefern, wenn der Wind nicht weht und die Sonne nicht scheint. Die Kosten der Speichertechnologien werden pro Kilowattstunde heute auf etwa 7 Cent geschätzt, und das bei einem Großhandelspreis des Grundlaststroms aus fossiler Energie von 5 Cent oder gar nur 3,5 Cent beim Atomstrom. Durch falsches politisches Handeln werden in riesigem Umfang Ressourcen vernichtet.

Die Atomkraft war die große Hoffnung der Klimabesorgten aus aller Welt, denn man hätte sie angesichts der praktisch unbegrenzten Verfügbarkeit des Urans im Meerwasser und der Möglichkeit der vielfachen Verlängerung der Ergiebigkeit des Urans durch Schnelle Brüter noch sehr stark ausdehnen können. Das ist für Deutschland nun vorläufig keine Option mehr.

Ich verstehe auch nicht, wie es zusammenpassen soll, dass man eine Million Elektroautos haben will, wenn man gleichzeitig den Strom abschaltet. Das hat mir noch kein Mensch erklären können. In Frankreich, das ganz auf die Atomkraft setzt, verstehe ich die Wende zum Elektroauto. In Deutschland nicht. Die Franzosen werden Atomautos fahren, wir aber werden Kohleautos benutzen. Deren Energiebilanz ist keinen Deut besser als die moderner Diesel-Pkws und wesentlich schlechter als die von Autos mit Erdgasmotoren.

Frankreich macht im Übrigen über die EU seinen politischen Einfluss geltend und will immer stärkere Auflagen für den Kohlendioxidausstoß der Autos durchsetzen. Dabei wird es sicherlich nicht nur vom Wunsch getragen, das Klimaproblem zu lösen, wie einige Grüne zu glauben scheinen, sondern vermutlich eher vom Bestreben, seinem Atomstrom einen Absatzmarkt zu sichern und die Vorherrschaft der deutschen Automobilindustrie, die bei den Verbrennungsmotoren die Weltspitze besetzt hat, zu brechen. Wenn sich Deutschland dem französischen Verlangen beugen sollte, die EU zu einer Schutzzone für Elektroautos zu machen, dann wird die deutsche Automobilindustrie ihre Geltung verlieren, denn man kann nicht im Ausland vollkommen andere Autos verkaufen als zuhause. Es gibt im Übrigen für die nächsten Jahrzehnte auch nicht den Hauch einer Chance, dass zum Beispiel die USA bereit sein könnten, bei der Überwindung ihrer großen Distanzen auf Elektroautos zu setzen und auf die Nutzung ihres Erdöls zu verzichten.

Was wäre Ihr Ziel in der Energiefrage, die ja im Kern eine ökonomische und wegen möglicherweise dramatisch steigender Energiepreise auch eine soziale ist, und welcher Weg würde dorthin führen?

Es gibt zwei Ziele. Das eine Ziel ist, das Klimaproblem zu lösen, und das andere ist, eine sichere Energieversorgung zu gewährleisten. Viele haben sich gedacht:

»Wir können beides haben, denn die Sonne scheint ja umsonst und immer.« Aber das ist eine Illusion. Man muss den Wind- und Sonnenstrom in der Fläche einsammeln. Die Energie ist zwar da, aber sie ist dünn verteilt. Sie einzusammeln erfordert riesige technische Apparate, die sehr teuer sind. Wie gesagt, wir haben jetzt bereits Stromkosten, die doppelt so hoch sind wie die französischen, bei steigender Tendenz. Die Umlage für die erneuerbaren Energien hat den Großhandelspreis schon mehr als verdoppelt, und sie wird weiter steigen, je mehr Solardächer und Windflügel errichtet werden. Die Industrie verlagert sich ins Ausland, unter anderem nach Nordamerika, wo sich mit Schiefergas *(shale gas)* und dem Schieferöl *(shale oil)*, das man dort mit dem sogenannten Fracking-Verfahren fördert, eine ganz neue Energiewende anbahnt. Amerika hat durch diese neue Technik so viel zusätzliche Energie zur Verfügung, dass es, so die Schätzungen, auf Jahrzehnte hin keine Energieimporte mehr benötigt.

Die deutsche Energiewende nach dem Unglück von Fukushima führt zu gewaltigen Vermögensverlusten. Nach Schätzung des Rheinisch-Westfälischen Instituts für Wirtschaftsforschung liegen die auf die Dauer vom Verbraucher zu tragenden Subventionen des Sonnenstroms bei den bereits installierten Anlagen schon über 100 Milliarden Euro. Allein im Jahr 2012 mussten die Verbraucher 10 Milliarden Euro zusätzlich für den Strom zahlen, um die Zuschüsse für die Solar- und Windenergie zu finanzieren. Bundesumweltminister Peter Altmaier hat im Februar 2013 sogar mitgeteilt, dass eine Fortsetzung der Energiewende nach bisherigem Muster insgesamt eine Billion Euro, also eintausend Milliarden Euro kosten würde, was zwei Drittel dessen ist, was die deutsche Wiedervereinigung gekostet hat. Der Betrag entspricht in etwa dem Auslandsvermögen der Deutschen, von dem uns durch die Euro-Rettungsaktionen ein erheblicher Teil verlorengehen wird. Mit all den Experimenten – der Eurorettung und der Energiewende – werden wir die Belastungsgrenzen der deutschen Volkswirtschaft austesten. Mit ungewissem Ausgang.

Was schlagen Sie vor?

Die deutsche Politik sollte umsteuern und ihren nationalen Alleingang aufgeben. Es macht keinen Sinn, den Geisterfahrer auf der Autobahn zu spielen oder zu hoffen, am deutschen Wesen würde die Welt genesen. Klar, Belgien steigt außer uns auch noch aus, aber sonst vorläufig niemand. Die Schweiz erwägt, in den 2030er Jahren auszusteigen, aber bis dahin wird es noch etliche neue Generationen von Politikern geben, die das wieder in Frage stellen. Ansonsten stehen wir mit unserem Ausstiegbeschluss mutterseelenallein auf der ganzen Welt da. Selbst die Japaner setzen wieder voll auf Atomenergie, nachdem sie ihre Kernkraftwerke überholt und sicherer gemacht haben. Weltweit gibt es heute etwa 430 Atomkraftwerke, 60 neue Kraftwerke sind derzeit im Bau, 160 weitere sind geplant, und für über 300 gibt es Vorplanungen. Etwa hundert der neuen Atomkraftwerke dienen dem Ersatz alter Kraftwerke. Der Rest kommt zum schon vorhandenen Bestand hinzu. Jeden Monat wird in China ein neues Atomkraftwerk in Betrieb genommen. China will nun auch den in Deutschland entwickelten Kugelhaufenreaktor bauen, bei dem eine Kernschmelze prinzipiell ausgeschlossen ist.

Atomkraftwerke sind gefährlich, keine Frage. Aber wie gefährlich sind die Alternativen, etwa Kohlekraftwerke? Kohlekraftwerke stoßen zum einen im laufenden

Betrieb gefährliche Stäube und wesentlich mehr radioaktive Substanzen aus als Kernkraftwerke, zum anderen sind sie die Klimakiller par excellence. In Relation zu den unermesslichen Schäden, die sie für die Natur und unsere Nachkommen hervorrufen, hinterlassen die Atomkraftwerke die kleineren Spuren in der Natur, die wir unseren Kindern vererben.

Das Klimathema ernst zu nehmen heißt auch, ein weltweites Klimaabkommen anzustreben, das die Verbrauchsmengen überall einschränkt und mithilfe eines Emissionshandelssystems administriert wird. Es gibt ja schon ein Emissionshandelssystem der UNO, an dem die Staaten beteiligt sind, die das Kioto-Abkommen ratifiziert haben. Immerhin erfasst es 30 Prozent des weltweiten Ausstoßes an Kohlendioxid. Außerdem gibt es das europäische Emissionshandelssystem, an dem alle Kraftwerke in Europa beteiligt sind. Würde man das europäische System mit dem UNO-System verschmelzen und dann die USA, China und Indien einschließen, hätte man schon einiges erreicht. Es ist aber wichtig, dass alle Länder mitmachen. Wenn wir das nicht hinkriegen, führt es zu nichts, wenn wir in Europa Energie sparen. Die geförderten fossilen

Brennstoffmengen, die wir nicht verbrauchen, werden dann eben anderswo verbraucht. Die Ölscheichs, die Gasoligarchen und Kohlebarone in Ländern wie Venezuela, Russland, Saudi-Arabien oder Nigeria lassen sich durch unsere Maßnahmen nicht beirren und werden ihre Abbaupläne dessen ungeachtet verfolgen. Das gilt übrigens auch für die Amerikaner mit ihrem sich anbahnenden neuen Öl- und Gasförderboom. Und so lange wird auch der Klimawandel weitergehen. Die bittere Wahrheit unserer Umweltpolitik ist, dass Mengen, die wir Europäer nicht verbrauchen, anderswo verbraucht und verbrannt werden.

Ich vermute, die Wahrheit ist sogar noch ernüchternder, denn das grüne Säbelrasseln, das wir Europäer praktizieren, hat die Öl-, Kohle- und Gasförderer alarmiert. Sie haben zunehmend Angst davor, dass wir den Verbrauch von fossilen Brennstoffen einschränken oder die Verbraucher zwingen, grüne Energie zu kaufen, was ihnen die Märkte kaputt machen könnte. Auf die Ankündigung der Marktvernichtung reagieren sie, indem sie die Extraktion fossiler Brennstoffe zeitlich vorziehen, und das beschleunigt den Klimawandel sogar. Diesen Effekt habe ich das »Grüne Paradoxon«

genannt. Dazu gibt es mittlerweile eine weltumspannende Fachdiskussion. Das Grüne Paradoxon kann man nur durch einen weltweiten Emissionshandel und vielleicht noch durch ein weltweites System der Quellensteuern auf Kapitalerträge bekämpfen, das den Ressourceneigentümern die Umwandlung ihrer natürlichen Vermögensbestände in Finanzvermögen vergällt.

Auf jeden Fall machen Alleingänge einzelner Staaten oder auch einer Teilmenge von Staaten keinerlei Sinn, wenn die fossilen Brennstoffe auf den Weltmärkten gehandelt werden, weil die nicht verbrauchten Mengen dann einfach anderswohin fließen. Der Ressourcenverbrauch in China, Indien und anderen rasant wachsenden Schwellenländern nimmt weiterhin dramatisch an Geschwindigkeit zu, und der Zeitpfad des Weltausstoßes an Kohlendioxid zeigt aufgrund der Sparanstrengungen der Europäer nicht einmal einen Knick.

Die Vorstellung, die sich bei uns verbreitet hat, dass man mit der staatlichen Förderung der grünen Technologien den Unternehmen eine Vorreiterrolle und einen

Vorsprung bei der Bedienung neuer globaler Märkte verschaffen könnte, ist wenig überzeugend. Wenn es wirklich so wäre, dass die Welt das Umweltthema so ernst nimmt wie wir Deutschen, dann würden private Unternehmer das von sich aus antizipieren und sich mit zielgerichteter Forschung darauf vorbereiten. Wieso soll der deutsche Staat besser als die Unternehmer wissen, wie sich die weltweite Energiewende vollziehen wird? Man sieht jetzt an der Photovoltaik, wie sehr man dabei auf die Nase gefallen ist. Bosch machte riesige Verluste und kündigte unlängst seinen Ausstieg aus diesem Geschäftsfeld an. Siemens zieht sich zurück. Und auch das langjährige Vorzeigeunternehmen Solarworld ist in Schwierigkeiten gekommen. Das liegt auch daran, dass wir nicht die Grundlagenforschung und die Weiterentwicklung der Technologien finanzieren, sondern die völlig überdimensionierte Produktion von Ökostrom auf Basis von bekannten, aber unwirtschaftlichen Technologien, wohl in der Hoffnung diese Technologien auf diese Weise wirtschaftlicher zu machen. Und dann wundern wir uns noch, dass die bei uns installierten Photovoltaikplättchen zum großen Teil aus China stammen und die deutschen Produzenten reihenweise in Konkurs gehen. Obwohl in China wegen der kürzeren Entfernung zum Äquator die Sonne mehr scheint, wird der Großteil der chinesischen Produktion nicht dort, sondern bei uns installiert. Es ist geradezu grotesk.

Die deutsche Umwelt- und Energiepolitik wollen Sie also reformieren, indem sie für den Ausstieg aus dem Ausstieg eintreten ...

Ja. Ein Land wie Deutschland, das in den kälteren Gebieten der Erde angesiedelt ist, kann seinen Wohlstand nicht ohne billige Energie erhalten. Das mit Sonnenenergie und Windflügeln zu schaffen, ist nicht möglich, weil wir dann die Wettbewerbsfähigkeit des Produktionsstandortes Deutschland einbüßen. Es geht im Wesentlichen nur mit fossiler Energie oder Kernkraft, doch nur die Kernkraft vermeidet das Klimaproblem. Die Sonnenenergie aus der Sahara könnte einen sinnvollen Weg der Energieversorgung bieten, wenn es denn gelänge, zuvor eine politische Befriedung der Region und eine preisgünstige Übertragung zu uns zu bewirken. Es kann aber keine neuen Freibriefe für weitere, ausufernde Förderungsprogramme geben, sondern nur die Ermunterung an die Industrie, es auf eigene Rechnung zu versuchen.

Ich weiß, dass die Forderung nach dem Ausstieg aus dem Ausstieg zunächst unrealistisch ist, weil dafür erst die Generation der grünen Politiker in Pension gehen muss, die aus der Anti-Atomkraftbewegung entstanden ist. Aber es ist nur eine Frage der Zeit, bis sich Deutschland umbesinnt. Deutschland ist das Land der Dichter und Ingenieure, der Idealisten und Pragmatiker, der Romantiker und Realisten. Mal hat die eine Seite die Oberhand, mal die andere. Wenn die eine Seite übertreibt, kommt die andere stärker heraus und umgekehrt. Es geht immer hin und her in der Geschichte, und manchmal sind die Ausschläge sehr groß. Im Moment sind die Romantiker und Idealisten mal wieder am Ruder. Wir werden deshalb erst einmal ein, zwei Jahrzehnte lang in die falsche Richtung laufen, bis wir merken, dass wir auf einem Irrweg sind und uns umbesinnen. Und dann braucht die Wiederinstallation der in der Zwischenzeit abgebauten oder nicht mehr gewarteten Kraftwerke Jahrzehnte. In der Zwischenzeit werden wir den fehlenden Strom von unseren Nachbarn importieren, die sich gerade auf diese neue Marktchance vorbereiten. Allerdings werden wir dann immer weniger Einfluss auf die Sicherheitsstandards haben – und das dazu notwendige Wissen wird in Deutschland auch nicht mehr zur Verfügung stehen.

Also energiepolitischer Neustart in zehn bis zwanzig Jahren. Wie nehmen Sie die ausländischen Diskussionen über den deutschen Sonderweg, diesen deutschen Versuch des Atomausstiegs wahr?

Das Ausland schüttelt nur mit dem Kopf, denn weltweit setzt man wie gesagt weiter auf die Atomenergie, zieht Lehren aus Fukushima und baut sicherere Kraftwerke. Wir fahren ja auch nach wie vor mit Passagierschiffen, obwohl die Titanic einst gekentert ist. Total auszusteigen, nur weil es ein Unglück gegeben hat, ist keine sinnvolle Reaktion. Im Falle Japans ist es minimal, was da an Sicherheitseinrichtungen nicht vorhanden war. Die Einrichtungen hätten nur wenig Geld gekostet. Was dort zudem fehlte, ist eine sinnvolle staatliche Kontrolle, die Defizite bei Kraftwerksbetreibern und Kernkraftwerken nicht nur aufgedeckt, sondern auch dafür gesorgt hätte, dass sie beseitigt werden – gegebenenfalls unter Androhung schwerer Sanktionen gegen die Betreiber. Die Japaner haben aus ihren Fehlern gelernt und machen es nun besser. Die neuen Kraftwerke erfüllen allesamt höhere Sicherheitsanforderungen.

Wenn es nach mir ginge, würde man den Kraftwerksbetreibern zusätzlich vorschreiben, eine Haftpflichtversicherung gegen Schäden Dritter abzuschließen. Solch eine Haftpflichtversicherung muss man sich nicht wie eine Privatversicherung vorstellen. Eher sollte man an die sogenannten Cat-Bonds denken. Das sind Anleihen mit einer guten Verzinsung, die im Falle eines wohldefinierten Unglücks ihren Wert verlieren, weil das bei der Anleihebegebung eingenommene Kapital für die Kompensation der materiellen Schäden eingesetzt wird. Der Kapitalmarkt übernimmt in diesem Fall die Kontrollfunktion. Je unsicherer ein Kraftwerk ist, desto höher ist der Zins, den der Kraftwerksbetreiber anbieten muss, und desto größer ist wiederum für ihn der Anreiz, in die Sicherheit seiner Anlagen zu investieren, um die Anleihekäufer dazu zu bringen, sich mit niedrigeren Risikoprämien zufriedenzugeben. Der Markt für CDS-Versicherungen hatte vor der Finanzkrise ein Volumen von 60.000 Milliarden Dollar. Die Kosten von Fukushima werden inklusive der Landverluste auf ein paar Hundert Milliarden geschätzt. Es ist ohne Weiteres möglich, eine Haftpflichtversicherung für Kernkraftwerke einzuführen.

Familien, Mütter und Kinder nicht mehr diskriminieren

Neben der Eurokrise ist unsere erste dringende Reformbaustelle also die gezielte Weiterentwicklung von Elementen der Agenda 2010 und die zweite der Ausstieg aus der Energiewende. Wo sehen Sie außerdem großen Handlungsbedarf?

Bei der Bewältigung der Herausforderungen des demografischen Wandels. Das ist nicht nur für die Rentenkassen und den Arbeitsmarkt, sondern für die Dynamik der ganzen Gesellschaft entscheidend. Wir brauchen mehr Kinder. Die Kinderarmut ist die Zeitbombe unserer Gesellschaft. Was die demografische Krise betrifft, so muss man sich vergegenwärtigen, dass Deutschland unter allen OECD-Ländern die kleinste Geburtenrate im Sinne der Zahl der Neugeborenen relativ zur Bevölkerung hat. Die Geburtenrate unterscheidet sich von der sogenannten Fertilitätsrate, die die Zahl der Kinder pro Frau misst. Uns fehlt es allein schon an Frauen im gebärfähigen Alter, weil die Geburten in Deutschland bereits Anfang der 1970er Jahre zurückgingen, früher als in allen anderen Ländern. Wir haben also wenige Frauen in den Dreißigern, von denen noch Kinder zu erwarten wären, und diese Frauen haben eine recht niedrige Fertilität. Beides zusammen macht uns mit nur 8,3 jährlich Neugeborenen pro 1.000 Einwohnern zum Schlusslicht unter allen entwickelten Ländern dieser Erde. Selbst Japan hat in Relation zur Bevölkerungsgröße mehr Neugeborene als wir. Die Folgen werden dramatisch sein. Die Babyboomer, jetzt Ende vierzig, werden in fünfzehn bis zwanzig Jahren in Rente gehen und von ihren Nachkommen Zahlungen für ihren Lebensunterhalt verlangen, soweit das angesichts des Defizits an Nachkommen überhaupt möglich ist. Die Belastung der wenigen Kinder, die es gibt, ist bereits immens. Sie werden unter ihrer Steuer- und Abgabenlast ächzen.

Derzeit stehen wir noch gut da. Die Babyboomer stehen noch in Saft und Kraft. Sie verdienen viel, und ihnen geht es auch deshalb phantastisch, weil sie einerseits selbst noch viele Geschwister haben, mit denen sie sich die Versorgung ihrer Eltern teilen können, und andererseits wenige Kinder ernähren. Das schlägt aber in fünfzehn bis zwanzig Jahren in das genaue Gegenteil um. Dieselben Babyboomer, denen es jetzt besonders gut geht, werden unter dem Fehlen der Kinder leiden – bei der Rente, bei der Pflege und anderem mehr. Das Versprechen, das ihnen derzeit gegeben wird, lautet ja: »Der Einzelne kann sich im Alter auf die Kinder der anderen verlassen, da diese ihn dann über die Sozialsicherungssysteme mitversorgen werden.« Doch wenn alle so denken, gibt es ein unlösbares Problem. Genau das bekommen wir. Dabei war es schon früher absehbar und wurde unter anderem bereits in den 1980er Jahren von Kurt Biedenkopf und Meinhard Miegel mit eindeutigen Gutachten prognostiziert.

Wenn die Gesellschaft der Bedeutung von Kindern und der Rolle der Eltern, insbesondere zunächst der Mütter, keine größere Wertschätzung entgegenbringt und diese Wertschätzung nicht in ihrem Steuer- und Rentensystem zum Ausdruck bringt, dann haben wir keine Zukunft. »Verspielt nicht eure Zukunft!«, so lautet ja der Titel dieses Buches. Meine Forderung an den Staat ist nicht, dass er sich in die Familienplanung der Menschen einmischt, sondern dass er sich endlich einmal heraushält – indem er das Ausmaß der Sozialisierung der Schaffenskraft der Kinder zurücknimmt. Er sollte den Eltern einen höheren Anteil dessen zukommen lassen, was ihre Kinder zum Generationentransfer beisteuern. Im Jahr 2000 legte der Staat, wie wir am ifo Institut berechnet haben, jedem Kind allein schon über das Rentensystem einen Schuldschein von etwa 140.000 Euro in die Wiege. Das war nämlich der damalige Gegenwartswert der Nettoeinzahlungen eines durchschnittlichen Kindes und seiner Nachkommen in die Rentenversicherung. Hinzu kamen rund 70.000 Euro Nettoeinzahlungen über die gesetzliche Krankenversicherung und 21.000 Euro über die Pflegeversicherung. Selbst wenn man den Wert der freien Schulausbildung und der Geld- und Sachleistungen der Gesellschaft für die Kinder abzieht, kommt man immer noch auf erhebliche Vorteile für den Rest der Gesellschaft. Neutral wäre der Staat im Hinblick auf die Familienplanung nur dann, wenn er diese Vorteile durch einen Gutschein in gleicher Höhe kompensieren würde. Bezüglich des Wertes eines solchen Schuldscheines kommt man je nach Rechnung auf Werte von mindestens etwa 50.000 Euro pro Kind. Dass dieser Betrag bei einem Vielfachen selbst der kühnsten Forderungen der Familienpolitiker liegt, zeigt nur, wie tief verwurzelt die Diskriminierung der Kinder in unserem Abgabensystem ist.

Und die Diskriminierung ist ja nicht auf das Fiskalsystem beschränkt, sondern überträgt sich von dort auf die Wertschätzung der Mütter und Kinder in der Gesellschaft. Das neue Gesellschaftsmodell der Singles und der sogenannten DINKS, also der Paare mit doppeltem Einkommen und ohne Kinder *(Double Income, No Kids)*, würde sich lange nicht einer solchen Beliebtheit erfreuen, wenn man den Familien die genannten Geldbeträge zur Kompensation der anderweitigen finanziellen Diskriminierung zur Verfügung stellen oder diese Diskriminierung aufheben würde. Ich habe mich vor längerer Zeit in vielen Schriften für die Einführung einer Kinder- oder Elternrente ausgesprochen, die mit einer Pflicht zu erweitertem Riestersparen bei den DINKS gekoppelt ist und in etwa das gleiche Versorgungsniveau bringt. Diesen Weg sollten wir gehen.

Es gibt natürlich noch andere Maßnahmen zur Beseitigung der Diskriminierung der Familien, die man ergreifen kann. Dafür muss man sich nur die Modelle von Nachbarstaaten anschauen. Besonders erfolgreich ist das französische Kindersplitting, von dem ich bereits sprach. Ähnlich wie bei uns zwischen den Ehepartnern teilt man das Einkommen für die Berechnung der Steuer auf die gesamte Familie und kommt deshalb bei gegebenem Gesamteinkommen zu einer umso niedrigeren Steuerbelastung, je größer die Zahl der Kinder ist. Das ist ja auch nur gerecht, denn aus je mehr Menschen eine Familie besteht, desto geringer ist ihr Pro-Kopf-Einkommen und desto geringer sollte die anteilige Steuerlast sein.

Die Logik des französischen Systems versteht man am Besten, wenn man eine gegebene Familie mit anderen Familien mit einer größeren Zahl an Familienmitgliedern, doch gleichem Pro-Kopf-Einkommen, also proportional höherem Gesamteinkommen vergleicht. In Deutschland zeigt dieser Vergleich, dass die prozentuale Steuerlast umso höher ist, je größer die Zahl der Familienmitglieder ist. Das findet man in Frankreich nicht gerecht. Nur in Deutschland werden Familien prozentual wesentlich stärker als Singles oder DINKS mit Steuern belastet, wenn sie das gleiche Pro-Kopf-Einkommen haben. Das ist alles andere als gerecht, und auf jeden Fall fördert es nicht die Entscheidung, Kinder in die Welt zu setzen.

In Frankreich wird auch die Vereinbarkeit von Familie und Beruf mustergültig gelöst, denn praktisch alle Kinder kommen ab dem Alter von zweieinhalb Jahren in die *École maternelle,* also die Vorschule, und gehen, wenn sie älter sind, in eine Ganztagsschule. Diese grundsätzlich anderen Möglichkeiten erlauben den französischen Müttern die Berufstätigkeit, ohne dass den Kindern daraus messbare Nachteile erwachsen. Die typische französische Frau in geordneten bürgerlichen Verhältnissen hat vier Kinder und einen Beruf. Was glauben Sie, warum der *Renault Espace* und der *Peugeot Familiale* – diese Autos mit den vielen Sitzen – in Frankreich entwickelt wurden? Während Deutschland mit besagten 8,3 Neugeborenen pro 1.000 Einwohner am Ende aller 34 entwickelten Länder dieser Erde steht, belegt Frankreich mit 12,8 Neugeborenen pro 1.000 Einwohner den elften Platz. Aber auch Schweden ist mustergültig. Ich bin häufig in Schweden und staune immer, dass im Straßenbild so viele Frauen mit Kinderwagen zu sehen sind. Ein Anblick, der in Deutschland zur Seltenheit geworden ist. Schweden belegt mit 12,3 Kindern pro 1.000 Einwohner Platz 13.

Zuwanderung als Zeitbombe – den Sozialstaat vor dem Kollaps schützen

Im Zusammenhang mit der Bewältigung der demografischen Herausforderungen für Rente und Arbeitsmarkt wird auch die Zuwanderung diskutiert, manchmal euphorisch, manchmal kritisch …

Der Migrationssturm ist in vollem Gange. Von 2011 auf 2012 hat sich die Nettoimmigration nach Deutschland von 279.000 auf schätzungsweise 410.000 erhöht, ist also um 47 Prozent gestiegen. Wie schon erläutert, boomt Deutschland, weil sich das deutsche Anlagekapital nicht mehr ins Ausland traut und den sicheren Heimathafen sucht. Das erzeugt die Flaute in Südeuropa und den Wirtschaftsaufschwung bei uns.

Da die Menschen dem Kapital folgen, haben wir heute wieder einen Immigrationsboom, der an die Zeit nach dem Fall des Eisernen Vorhangs erinnert.

Immigration ist grundsätzlich eine gute Sache, wenn sie durch Lohnunterschiede und die Verfügbarkeit von Arbeitsplätzen getrieben wird, denn diese Unterschiede spiegeln den wirklichen Wohlstandsgewinn durch die Migration wider. Die Migranten freuen sich über das bessere Einkommen, und hierzulande entsteht insofern ein Gewinn, als die Immigranten die Produktion über vielfache Wechselwirkungen der Wirtschaft um mehr erhöhen als das, was sie für ihre Arbeit erhalten. Es profitieren also beide Seiten. Problematisch ist die Migration, wenn sie vom Sozialstaat angeregt wird, denn in dem Maße, wie das der Fall ist, ist mit ihr keine Steigerung der Produktion im Zuwanderungsland verbunden. Dieser Teil des Anreizes ist ein Nullsummenspiel. Die Sozialleistungen, die ein Migrant erhält, sind notwendigerweise Mittel, die andere nicht mehr erhalten können.

Die Zuwanderung innerhalb der EU-Länder wurde durch die Freizügigkeitsrichtlinie von 2004 geregelt. Danach durften Selbstständige, aber auch Personen aus den osteuropäischen Beitrittsländern, die nicht arbeiten wollten, sofort uneingeschränkt kommen. Die Zuwanderung dieser Gruppen wurde durch die deutsche Eurokrise, die unsere Wirtschaft seinerzeit gelähmt und eine Massenarbeitslosigkeit geschaffen hatte, in Grenzen gehalten. Seit 2011 dürfen auch osteuropäische Arbeitnehmer kommen, zunächst mit Ausnahme von Bulgaren und Rumänen. Für diese beiden Länder wird die volle Freizügigkeit im Jahr 2014 hergestellt.

Die Zuwanderung in den Arbeitsmarkt lindert die demografischen Probleme, und sie ist aus vielerlei anderen Gründen sehr sinnvoll und notwendig für unser Land. Man sollte sich aber vor überzogenen Erwartungen schützen, denn es müssten schon sehr viele Menschen kommen. Ob sie alle kulturell integriert werden können, darf man bezweifeln. Wenn die Zuwanderer nicht in Rente gehen würden, bräuchte man über 40 Millionen von ihnen, um den Rentenbeitragssatz und das Rentenniveau von heute zu halten. Berücksichtigt man, dass auch die Zuwanderer alt werden und ihre Rente haben wollen, so ergibt sich nach einer Studie der Vereinten Nationen für Deutschland ein gewaltiger theoretischer Zuwanderungsbedarf von 190 Millionen Migranten. Diese Zahlen sind irreal. Sie können und sollten nicht realisiert werden. Doch zeigen sie, wie groß die demografischen Probleme sind, die uns erwarten, und wie wenig Potenzial in der tatsächlich zu erwartenden und kulturell verkraftbaren Zuwanderung in den Arbeitsmarkt steckt. Dennoch ist eine solche Zuwanderung, das sei nochmals betont, grundsätzlich nützlich und sinnvoll.

Die Zuwanderung in den deutschen Sozialstaat kann man demgegenüber nur mit großer Sorge kommentieren. Jeder EU-Bürger hat heute das Recht, in den deutschen Sozialstaat einzuwandern. Wer kommt, muss sich nur fünf Jahre lang selbst versorgen und auch selbst für seine Krankenversicherung aufkommen. Allein das Kindergeld steht gleich zur Verfügung. Nach Ablauf der fünf Jahre hat der Immigrant ohne Antrag automatisch das Daueraufenthaltsrecht und Anspruch auf alle nicht beitragsfinanzierten sozialen Leistungen, wie sie auch einem deutschen Staatsbürger angeboten werden. Wenn also ein sechzigjähriger Rumäne seinen Wohnsitz in Deutschland nimmt, kann er, da er dann als nicht mehr arbeitsfähig gilt, ab dem fünfundsechzigsten Lebensjahr Sozialhilfe, eine freie Wohnung und einen freien Krankenversicherungsschutz beanspruchen, quasi eine Rente auf Lebenszeit. Im Durchschnitt sind das etwa 1.050 Euro, denn Wohnkosten und Sozialhilfe allein liegen zusammen schon bei knapp 750 Euro, und eine private Krankenversicherung kostet mindestens 300 Euro. Das ist mehr als das Doppelte eines normalen Arbeitseinkommens in Rumänien oder nahezu das Dreifache desjenigen in Bulgarien. Man muss kein Ökonom sein, um die Auswirkungen auf die Migration vorherzusagen.

Ich habe in den 1990er Jahren und in der Zeit vor und nach der Verabschiedung der EU-Richtlinie in einer Vielzahl von Beiträgen auf diese Schieflage öffentlich hingewiesen und die Armutsmigration, die uns bevorsteht, vorausgesagt. Dafür wurde ich belächelt und beschimpft, unter anderem von einem für diese Dinge zuständigen CDU-Europaparlamentarier. Er wollte offenbar erst die Kinder zählen, die in den Brunnen fallen, bevor er bereit war, über eine Mauer um den Brunnen nachzudenken. Nun haben wir den Schlamassel.

Es war lange Zeit politisch nicht korrekt, auf diese Probleme hinzuweisen, doch seit dem bereits erwähnten Hilferuf des Deutschen Städtetags kann man den Kritikern den Mund nicht mehr verbieten. Der Hilferuf macht klar, dass manche Städte das Problem schon jetzt nicht mehr beherrschen. Und er zeigt, wie groß der Handlungsbedarf ist. Totschweigen hilft nicht mehr, denn wenn die Immigration erst einmal stattgefunden hat und wir das Problem vor der Haustür haben, dann wird es hitzige politische Diskussionen dieses Themas geben, die den sozialen Frieden verletzen. Ein besonderes Problem scheinen die Roma zu sein. Jedenfalls wies der Städtetag explizit auf sie hin. Nachdem Nicolas Sarkozy diese Bevölkerungsgruppe aus Frankreich vertrieben hat, ist davon auszugehen, dass sie nun großenteils nach Deutschland kommen. Der *Spiegel* berichtete mehrfach von ganzen Dörfern, die nach Neukölln ausgewandert sind oder noch auswandern wollen. In den osteuropäischen EU-Ländern wohnen mindestens 4,5 Millionen Sinti und Roma, oft auch unter für diese Länder katastrophalen Zuständen. Das Potenzial für eine Migration in den Sozialstaat ist vorhanden.

Ich habe seinerzeit das Heimatlandprinzip für soziale Leistungen verlangt. Dafür plädiere ich mit Blick auf die skizzierten Entwicklungen entschiedener denn je. Es soll in der EU vollständige Freizügigkeit auch für Arme geben. Jedem Sozialhilfeempfänger eines EU-Lands soll es anheimgestellt werden, seine Sozialhilfe in dem EU-Land zu konsumieren, in dem er sich aufhalten möchte, meinetwegen auch auf Mallorca oder den Kanaren. Nur sollte nicht sein Wohnsitzland, sondern sein Heimatland für die sozialen Leistungen zuständig sein. Die Regel kann natürlich nicht für Drittländer gelten, insbesondere nicht für politisch Verfolgte, die in ihrem Heimatland keine Unterstützung erfahren. Über ihre Zuwanderung muss nach dem Asylrecht entschieden werden. Aber wer aus einem EU-Land kommt, wird in seiner Heimat nicht verfolgt und hat dort Anspruch auf Sozialleistungen. Die soll er verbrauchen können, wo er will. Grundsätzlich soll das Heimatland für seine Sozialfälle selbst aufkommen. Wenn die Leistungen nicht ausreichen, müssen die Heimatländer sie verbessern, aber es kann nicht sein, dass man das eigene Sozialproblem durch Auswanderung auf andere Länder abwälzt. Die strikte Anwendung des Heimatlandprinzips würde dem Rechnung tragen.

Mir ist klar, dass das sogenannte Inklusionsprinzip, das eine solche Lösung ausschließt, eine heilige Kuh der EU ist. Aber es ist an der Zeit, so manche der heiligen Brüsseler Kühe zu schlachten.

Schule sinnvoll reformieren, aber nicht auf alles hören

Ein ausgiebig und emotional diskutiertes Problem ist die Qualität unserer Schulausbildung. Es gewinnt im Zuge der Herausforderungen des demografischen Wandels an Dringlichkeit ...

Die Ergebnisse des ersten PISA-Tests haben uns zu Recht schockiert, weil wir unter den OECD-Ländern noch nicht einmal Durchschnitt waren und, was die Qualität der Antworten betraf, die größte Spannweite zwischen den besten und den schlechtesten Schülern aufwiesen. Beim ersten Test im Jahr 2000 lag Bremen, wenn man die Bundesländer in der PISA-Reihenfolge wie Staaten behandelt, auf Platz 41 und Bayern auf Platz 15. Beim Test aus dem Jahr 2006 hatte sich Bremen um einen Platz verbessert, und Bayern machte einen Sprung auf Platz 8.

Die deutschen Lehrer hatten inzwischen offenbar gelernt, wie sie die Schüler besser auf die Tests vorbereiten, könnte man sarkastisch sagen. Aber es ist auch tatsächlich etwas an den Schulen passiert. Ganz

Deutschland hat sich verbessert und liegt mittlerweile auf Platz 16, hinter Ländern wie Neuseeland, Belgien oder Australien. Trotzdem haben wir noch einen weiten Weg vor uns. Ich verweise hier auf Finnland. Finnland hatte früher ein dreigliedriges Schulsystem wie wir, schuf es aber Mitte der 1970er Jahre ab und ließ die Kinder länger im Klassenverbund beisammen. Man hielt ein hohes Ausbildungsniveau und sorgte für kleine Klassen. Dieser Wandel hat ökonomisch, sozial und menschlich wertvolle Bildungsreserven gehoben. Finnland ist heute fast unangefochten an der Spitze der PISA-Tests. Die finnische Abkehr vom deutschen System war also erfolgreich. Es dauerte aber eben fünfzehn Jahre, bis eine solche Reform bei den finnischen Schülern fruchtete.

Das Gleiche würde für Deutschland gelten. Bis eine vergleichbare Reform zu einer signifikanten Änderung der Qualität des deutschen Arbeitskräftepotenzials führte, müsste man fünfzehn Jahre lang warten. Deshalb sollte Deutschland eine solche Reform auch sofort angehen. Wir sollten die Kinder später in die verschiedenen Zweige trennen, erst nach der Pubertät, sodass sich erst dann zeigen muss, ob sie sich in der Folge mehr berufspraktisch oder akademisch ausbilden lassen möchten.

Der Weg der späteren Trennung der Schüler wurde in Deutschland seit den 1970er Jahren mit der Gesamtschule probiert, hatte aber nur mäßigen Erfolg. Die Gesamtschulen gerieten, ob berechtigt oder nicht, in den Verruf, schlechte Schüler mit schlechten Lehrern zu koppeln. Der schlechte Ruf der Gesamtschulen resultiert aber weniger aus einer falschen Grundidee als aus dem Umstand, dass die Gesamtschulen in Deutschland zugleich mit der antiautoritären Erziehungsidee verbunden wurden, die allzu häufig nur auf Disziplinlosigkeit hinauslief. Das finnische Beispiel zeigt, dass das nicht so sein muss, sondern dass diese Schulform das Potenzial zur Hebung von Begabungsreserven hat – zum Nutzen des einzelnen Kindes, seiner Eltern und der Gesellschaft insgesamt.

In die gleiche Richtung geht mein Urteil bezüglich der Ganztagsschulen, die überall auf der Welt üblich sind, nur nicht in Deutschland. Ganztagsschulen sind in der Lage, die soziale Benachteiligung von Schülern besser abzufangen als Halbtagsschulen, und sie verbessern nebenher auch noch die Vereinbarkeit von Familie und Beruf bei den Eltern.

Was wir nicht tun sollten, ist, den Vorschlägen der OECD zu folgen und den Anteil der Universitäts- oder College-Studenten zu vergrößern. Die Länder, die ein College-System haben, propagieren es über die Schriften der OECD und sehen nicht, dass die Deutschen in Form der dualen Berufsausbildung über das wesentlich bessere System verfügen. Aus meiner Sicht ist das duale Ausbildungssystem ein Hauptgrund für den nachhaltigen Erfolg der deutschen Wirtschaft und Gesellschaft. Die praktisch-beruflichen Leistungen unserer Jugendlichen werden durch den PISA-Test, der sich allein auf akademische Leistungen bezieht, nicht erfasst. Außerdem sind die Teilnehmer der PISA-Tests 15 Jahre alt. Da fängt die duale Ausbildung gerade einmal an.

Eine klügere Politik ermöglichen: Vorschläge für mehr Langfristigkeit

Unser Gespräch kreiste bislang im Wesentlichen um die Analyse zentraler Baustellen bei den Wirtschaftsreformen. Die Empfehlungen zu Arbeitsmarkt-, Steuer-, Renten-, Energie-, Zuwanderungs- und Bildungspolitik sind so zu verstehen. Was fehlt deutschen Politikern, damit sie die wirklich schweren und wichtigen Themen angemessen angehen können? Was erwarten Sie von ihnen?

Erwarten im Sinne von hoffen: Dass sie sich freimachen von dem Ziel, nur die nächste Wahl zu gewinnen – zumindest in ihrer zweiten Legislaturperiode – und den Blick mehr auf das langfristige Wohl des Volkes richten. Und dass sie bereit sind, persönliche Risiken einzugehen. Man muss anerkennen, dass Gerhard Schröder in politisch schwieriger Situation den Mut hatte, derart einschneidende Reformen auf den Weg zu bringen, wie sie die Agenda-2010-Reformen nun einmal darstellen. Dabei hat er gegenüber seiner Partei und der Öffentlichkeit sehr viel Druck ausgeübt, auch mit der Gefahr zu scheitern. Die Agenda 2010 war die wichtigste wirtschaftliche Reform der letzten Jahrzehnte. Auch wenn vieles noch angegangen werden muss, wie ich ausgeführt habe, so hat sie doch maßgeblich dazu beigetragen, dass Deutschland heute wieder wettbewerbsfähig ist. Leicht wird vergessen, dass das zum Zeitpunkt des Agenda-Beginns im Jahre 2003 nicht so war. Schröder riskierte für die Reformen sein politisches Überleben. Aber er befand sich in seiner zweiten Amtszeit als Bundeskanzler und wusste, dass er mit der Agenda 2010 seinen Dienst für Deutschland getan hätte, auch wenn er die nächste Wahl nicht mehr gewinnen würde – was dann ja der Fall war.

Doch das geschah vor zehn Jahren. Aktuell zeigt sich in dieser Hinsicht ein komplexes Bild. Die Themen, die die Agenda 2010 weiterentwickeln würden und über die wir gesprochen haben, hat die Bundesregierung nicht angepackt. Bei der Energiewende hat sie sich meiner Überzeugung nach zu leichtfertig und aus wahltaktischen Gründen dem Zeitgeist gebeugt anstatt ihn mitzuformen. Die Folgen werden wir, wie ich ausgeführt habe, langfristig zu tragen haben. Und wenn die tickende Zeitbombe der Zuwanderung in unseren Sozialstaat nicht schnellstens entschärft wird, befürchte ich auch hier nichts Gutes. Die Liste lässt sich verlängern. Auf Sicht fahren, also eher kurzfristig zu agieren, genügt mit Blick auf die Herausforderungen, vor denen wir stehen, einfach nicht. Die Dinge müssen rechtzeitig angegangen werden, weil es Zeit braucht, bis die gewünschten Änderungen eintreten.

Und die Eurokrise? Die Regierung hat zweifellos versucht, uns durch die Krise zu steuern, ohne dass die Emotionen gegenüber Deutschland allzu hohe Wogen schlagen. Doch ist das ausreichend? Auch hier scheinen mir kurz- und langfristige Prioritäten falsch gesetzt. Die südeuropäischen Länder sind durch den Euro in eine verzweifelte Lage geraten. Jetzt werfen sie uns vor, dass wir durch Lohnzurückhaltung zu billig geworden sind, und machen uns für ihre wachsende Arbeitslosigkeit verantwortlich. Allerdings saßen und sitzen die eigentlichen Wettbewerber des Südens nicht im Norden, sondern sind in der ganzen Welt verstreut, insbesondere auch in Osteuropa. Unsere Regierung gab den Hilfsgesuchen der Südländer und Frankreichs immer so weit nach, wie sie es für nötig hielt, um die Emotionen im Zaun zu halten. Die politisch-emotionale Lage ist dennoch brisant, und die Brisanz scheint zuzunehmen. In Südeuropa kochen die Emotionen trotz all der Hilfen hoch. Deutschland wird nicht als Retter wahrgenommen, sondern als das Land, das die Austeritätspolitik fordert – also strenge Haushaltsdisziplin und Sparen – und so für alle Härten verantwortlich ist. Der italienische Wahlkampf etwa, in dem die Austeritätspolitik mit einer großen Mehrheit abgewählt wurde, entwickelte sich großenteils auch in einen Wahlkampf gegen Deutschland, ja sogar gegen Bundeskanzlerin Merkel persönlich. Auch die Beschimpfungen, die sich in Zypern zeigten, passen in dieses unschöne Bild.

Der langfristig schädliche politische Fehler war, sich im Mai 2010 auf den – kurzfristig einfachen – Bruch des Maastrichter Vertrags einzulassen. Statt Griechenland aus dem Euro herausgehen zu lassen, wie es die Bundesbank intern gefordert hatte, stimmte Deutschland einem automatischen Rettungsschirm zu, von dem von vornherein klar war, dass er – gemessen an den Wünschen der Südländer – zu klein sein würde. Damit hat sich Deutschland in eine Rettungsspirale hineinziehen lassen, die automatisch und immer wieder zu Konflikten zwischen den Rettern und den zu Rettenden führen wird. Der Streit zwischen den Geretteten, die sich über die deutsche Spardisziplin beklagen und immer mehr öffentlichen Kredit wollen, und Deutschland, dem die Haftungssummen irgendwann über den Kopf steigen werden, hat schon begonnen. Man erfährt ihn hautnah, wenn man Länder wie Irland, Spanien oder Italien besucht, von Griechenland oder Zypern ganz zu schweigen. Er wird die nächsten Jahre beherrschen, immer hässlichere Ausmaße annehmen und Deutschland zwingen, immer mehr Geld auf den Tisch zu legen.

Hätten die Retter – darunter die uns Deutsche vertretenden Politiker – die Probleme richtig und rechtzeitig diagnostiziert und würden sie die richtigen Maßnahmen ergreifen, müsste man das alles nicht befürchten. Aber das ist nicht der Fall. Diagnostiziert und therapiert wird eine Finanzkrise, wo doch in Wahrheit eine Krise der Wettbewerbsfähigkeit der südlichen Länder eingetreten ist. Die fiebersenkenden Maßnahmen, die man ergriffen hat, sind keinerlei Ersatz für die chirurgischen Eingriffe, die eigentlich nötig wären.

Insofern zeigen sich hier die Grenzen einer kurzfristig ausgelegten Politik des Durchwurstelns, wie sie gerade in der Eurokrise praktiziert wird – aber eben nicht nur da – in aller Deutlichkeit. Klar, Durchwursteln und verhaltenen Widerstand gegenüber immer mehr Rettungsbegehren zu üben, ist besser, als allen Wünschen nachzugeben. Dadurch aber, dass die Bundesregierung gegen die Meinung der Bundesbank und des deutschen Bundespräsidenten die Rettungsmaschinerie in Gang setzte, wurde Deutschland in die Rolle des Zahlmeisters gedrängt und muss sich nun dauerhaft auf politischer Ebene mit immer weitergehenden Wünschen der Krisenländer auseinandersetzen. Die für den Erfolg einer solchen Politik notwendige Hegemonialrolle kann Deutschland, nicht zuletzt aus historischen Gründen, kaum ausfüllen. Hätte sich Deutschland verweigert, hätte es den Maastrichter Vertrag auf seiner Seite gehabt, Griechenland und vielleicht noch Portugal und Zypern wären aus dem Euroraum ausgetreten, und die Banken und Versicherungen Europas und der ganzen Welt hätten Abschreibungsverluste auf ihre Forderungen gegenüber diesen Ländern verbuchen müssen. Angela Merkel hätte viel Schelte in Europa bekommen, aber sie hätte sich ähnlich wie einst Margaret Thatcher als »Eiserne Lady« durchsetzen können. Die anderen Euroländer hätten sich eher in die Notwendigkeit einer rigiden Sparpolitik gefügt, und Deutschland hätte sich die dauerhaften Beschuldigungen wegen seiner Knauserigkeit ersparen können. Kurzfristig wäre das für die Beteiligten schmerzhaft gewesen, langfristig aber zum Nutzen aller.

Mit dem Bruch des Maastrichter Vertrags wurde allerdings alles anders. Indem unsere politischen Repräsentanten dem Bruch zustimmten, verlor Deutschland seine Glaubwürdigkeit und zeigte sich gegenüber dem Druck aus dem Ausland nachgiebig. Dieser Druck droht nun so lange anzuhalten, wie es hierzulande noch etwas zu holen gibt. Keine schönen Aussichten.

Ich stelle mich mit diesen Aussagen nicht auf den Standpunkt, dass man den betroffenen Ländern nicht auch mit Geld hätte helfen sollen. Indes würde ich mich hüten, einen Rettungsmechanismus in Gang zu setzen, bei dem andere Kräfte bestimmen oder mitbestimmen können, wie viel ich selbst gebe. Hilfen müssen freiwillige Leistungen bleiben. Sobald sie einer

Automatik unterliegen, die zudem noch vom demokratischen Entscheid von Institutionen abhängen, in denen die Profiteure der Hilfen die strukturelle Mehrheit haben, wird die Sache problematisch. Dann wird der Helfende plötzlich in die Rolle des Missetäters gedrängt, weil er nicht so viel geben will, wie die Begünstigten mehrheitlich fordern. Kurzum: Ich glaube nicht, dass man in Griechenland oder Zypern gegen uns wettern würde, wenn Deutschland seine Hilfen in Form eines aus eigener Kraft aufgestellten, freiwillig gewährten Marshall-Plans gewährt hätte.

Nicht wenige unserer Politiker – ob in der Regierungsverantwortung oder in der Opposition – gewichten nach meiner Einschätzung die langfristigen Gefahren einer laufenden Vergrößerung der deutschen Haftung falsch. Insbesondere erkennen sie offenbar nicht, dass die Übertragung der Gläubiger-Schuldner-Verhältnisse von der Ebene der privaten Banken auf die staatliche Ebene zu sehr viel Streit und Zwietracht zwischen den Völkern führen wird. Es braucht Mut, sich den kurzfristig einfacher aussehenden Lösungen zu verweigern, um für einen langfristig besseren, aber zunächst mühsameren Weg einzutreten. Diesen Mut sollten Politiker haben in der Eurokrise, aber auch bei unseren heimischen Reformbaustellen. Nur dann handeln sie wirklich verantwortungsbewusst.

Es geht also darum, Politiker endlich zu auch langfristig tragfähigem Handeln zu bringen. Kein leichtes Unterfangen. Wie wäre es zum Beispiel, wenn man Politiker jenseits der Abwählbarkeit, die eine Art politischer Haftung bedeutet, auch einer ökonomischen Haftung unterzöge? Aufsichtsratsmitglieder sind ja ebenso wie Vorstände von Aktiengesellschaften mit ihrem privaten Vermögen haftbar zu machen und dagegen versichert. Mit einer Versicherung, die allerdings bei grober Fahrlässigkeit oder kriminellem Verhalten nicht zahlt …

Das Problem ist in der Tat, dass in der Politik Menschen arbeiten, die sich mit vielen verschiedenen Themen auseinandersetzen müssen und daher manches Mal aus der Not heraus irgendetwas absegnen, ohne sich über die teils großen Umverteilungseffekte, die sie damit induzieren – meist zulasten künftiger Generationen –, hinreichend klar zu sein. Das Ausmaß der Umverteilung steht in solchen Fällen oft in keinem Verhältnis zu der

Sorgfalt, mit der die Entscheidungen gefällt werden. Da kommt mir politisches Handeln schon oft arg fahrlässig vor. Daher verstehe ich, wenn Sie sagen: »Wenn man eine Haftung von einem Aufsichtsratsmitglied verlangt, dann müsste man das zumindest von führenden Mitgliedern eines wichtigen politischen Gremiums eigentlich auch verlangen.« Ich kann mir aber eine monetäre Haftung nicht recht vorstellen, weil die Vorgänge in den meisten Fällen Ermessensentscheidungen sind, deren Berechtigung ein Gericht nicht sinnvoll prüfen kann. Justiziabel kann man eine Haftung für politisches Handeln daher wohl leider nicht machen. Das Problem bei den durch Politikentscheidungen entstehenden Lasten ist ja, dass sie diffus auf verschiedene Systeme verteilt sind. Es gibt viele zusammen und durcheinander wirkende Systeme, sodass sich am Ende jeder herausreden kann: »Ach, mein Beschluss war es gar nicht, das wäre sowieso so gekommen …«

Sie kennen den Corporate Governance Kodex, in dem in verschiedenen Verpflichtungsgraden bestimmte Maßgaben für eine gute, auf Langfristigkeit angelegte Unternehmensführung festgehalten sind. Könnte man diesen

Gedanken nicht auf die politische Arena übertragen und eine Art Political Governance Kodex schaffen?

Die Idee ist interessant. Es lohnt sich, über sie nachzudenken. Einen Kodex von Verhaltensnormen und Minimalanforderungen, der zu erfüllen ist, bevor und während politische Umverteilungsentscheidungen zustande kommen, kann ich mir durchaus vorstellen. Darunter fiele für mich insbesondere auch die Anforderung, ökonomische Kenntnisse über den Sachverhalt und über kurz- und langfristige Wirkungen bestimmter Maßnahmen zu besitzen. Von einem Aufsichtsrat verlangt man heute auch, dass er profunde Kenntnisse der Konzernrechnungslegung hat. Auch von einem Parlamentarier sollte man daher verlangen können, dass er vor einer ökonomisch relevanten Entscheidung zumindest weiß, was der Sachstand ist, und dass er über ein ökonomisches Grundwissen verfügt. Natürlich ist ein Unternehmen etwas anderes als ein Staat, das muss bei einer möglichen Kodex-Ausgestaltung bedacht werden. Aber es geht hier ja um das Ziel, zu besseren, also auch langfristig wirtschaftlich tragfähigeren Politikentscheidungen zu kommen. Ein solcher *Political Governance Kodex* könnte diesem Ziel möglicherweise dienen.

Welche Neuerungen würden Sie ansonsten für unser politisches System vorschlagen, um die ebenso übliche wie fatale Orientierung an der kurzen Frist zu verhindern?

Fragen nach Änderungen im politischen System sind ja auch Fragen, mit denen sich meine Kollegen in der Politik- und Rechtswissenschaft beschäftigen. Doch davon unberührt: Wenn ich meine ökonomische Brille und die des mündigen Bürgers aufsetze, dann fallen mir schon einige Ideen ein, von denen ich meine, es lohnt, sie weiterzuverfolgen.

Warum zum Beispiel erhalten Eltern kein Wahlrecht für ihre noch unmündigen Kinder? Ökonomisch betrachtet würde das sofort eine längerfristige Perspektive in ihre Wahlentscheidungen hineinbringen. Denn Eltern haben in der Regel andere Präferenzen als Nicht-Eltern. Sie denken an ihre Kinder, ihre Enkel und Urenkel – und damit nicht kurzfristig, sondern über ihre eigene Lebenszeit hinaus

Warum auch verlängern wir nicht die Amtsperioden der politischen Entscheidungsträger? Bei den allokativ wichtigen Fragen ist es ja so, dass viele Jahre vergehen, bis sich die Auswirkungen einer Entscheidung zeigen. Wenn die Legislaturperioden zu kurz sind, ist ein Politiker strukturell gar nicht in der Lage, die richtige Politik zu machen, sondern muss auf kurzfristig wirksame Lösungen setzen. Schauen Sie noch einmal auf die Agenda 2010: Deutschlands Probleme wurden seit Mitte der 1990er Jahre diskutiert, aber erst ab 2002 gewann die Diskussion so viel Fahrt, dass Ökonomen die Grundzüge einer Zukunftsagenda diskutierten. 2003 wurde die Agenda dann beschlossen, 2004 wurde sie Gesetz, und 2005 wurde sie faktisch umgesetzt und verstanden. Erst dann entwickelte sich ein Niedriglohnsektor und die Massenarbeitslosigkeit ging allmählich zurück. Und erst ab 2010, sieben Jahre nach der Verkündung, begannen die Kommentatoren, die Agenda-Politik auf breiter Front zu loben. So lange brauchte man, bis man sich des Urteils der Geschichte sicher war.

Eine weitere Idee ist von den Niederlanden inspiriert. Bei unseren Nachbarn gibt es eine stärkere wissenschaftliche Kontrolle politischer Maßnahmen durch das sogenannte Zentralplanungsbüro, eine Einrichtung, die man nicht mit ähnlichen Institutionen der

DDR verwechseln sollte. Alle holländischen Parteien müssen dort ihre Wahlvorschläge im Hinblick auf die finanziellen Konsequenzen durchrechnen lassen, und die Ergebnisse werden dann veröffentlicht. Sie sind ganz wichtig für die Wahlen und den Wahlkampf in Holland, und dieses Verfahren und seine möglichen Ergebnisse bestimmen auch im Vorhinein das Verhalten der Politiker. Unrealisierbare Wunschvorstellungen, die noch dazu langfristig unseriös sind, schreibt man in den Niederlanden besser gar nicht erst in sein Parteiprogramm hinein. Das wäre meine dritte Idee zur Verbesserung der – auch ökonomisch langfristig gedachten – Qualität von Politikerentscheidungen.

Eine vierte Idee ginge in eine ähnliche Richtung: Ich würde vor den jeweiligen politischen Abstimmungen auch die Risiken der Entscheidungen durchrechnen lassen und die Regierungen danach zwingen, auch Eventualverbindlichkeiten zu buchen. Wenn ich sage »zwingen«, so meine ich damit konkret, dass ein verbindliches Gesetz zu verabschieden wäre, welches die Risikoberechnungen ebenso vorschreibt wie das Buchen der Eventualverbindlichkeiten.

Schließlich noch eine fünfte Idee: Ich plädiere für einen regelmäßigen Nachhaltigkeitsbericht, der zum Beispiel alle drei Jahre herauskommt und der darlegt, welchen Belastungen sich zukünftige Generationen zu stellen haben werden. Die Risiken müssen klar benannt werden. Risiko heißt ja nicht, dass ein Ereignis zwingend eintritt. Man muss aber wissen, was passiert, *wenn* es eintritt. Jede Versicherungsgesellschaft hat eine vergleichbare Risikoanalyse zu machen, damit sie existieren und erfolgreich wirtschaften kann. Sie muss genau wissen, welche Kosten entstehen, wenn ein Hurrikan oder ein Erdbeben auftritt. Der Staat – der ja auch als eine Art Versicherungsgemeinschaft verstanden werden kann – sollte, dafür trete ich ein, bei uns auch zu so etwas verpflichtet sein. Das fördert die Entwicklung von ökonomischer Sachkompetenz, von Risikobewusstsein, von Transparenz und Kontrollqualität – und so auch die Langfristqualität von Politikerentscheidungen.

Am ifo Institut ermitteln wir im Zusammenhang mit der Eurokrise schon seit Längerem den sogenannten Haftungspegel. Das ist ein Maß für die Verluste Deutschlands, wenn die Krisenländer pleitegehen und ihren Verpflichtungen gegenüber den Rettungssystemen und der EZB nicht mehr nachkommen. Derzeit (im März 2013) liegt dieser Pegel bei 688 Milliarden Euro. Wir geben präzise an, wie gerechnet wurde, sodass jeder die Rechnung nachvollziehen kann. Manche Kritiker dieses Verfahrens meinen: »Da stehen zwar Zahlen drin, aber die damit verbundenen Ereignisse treten nicht ein.« Das aber ist nicht die Natur einer Risikoberechnung. Ein jedes Unternehmen muss dem Aufsichtsrat über den sogenannten Value at Risk berichten, also die Verluste, die entstehen, wenn ungünstige Konstellationen zusammentreffen. Definitionsgemäß ist der Value at Risk kein *wahrscheinlicher*, sondern ein *möglicher* Verlust – und genau in diesem Sinne ist der Haftungspegel zu verstehen.

Analog einem solchen Verfahren könnte man auch andere Aspekte der staatlichen Tätigkeit, insbesondere die Staatsverschuldung inklusive der implizierten Verschuldung durch das Rentensystem in größerem Stil erfassen. Ich bin überzeugt, dass sich durch dieses Kontroll- und Transparenzinstrument die Qualität der Politikerentscheidungen verbessern würde. In Amerika hat der Ökonom Larry Kotlikoff Generationsbilanzen entwickelt, die in die offizielle jährliche Budgetplanung des Staates übernommen wurden. In eine ähnliche Richtung geht mein Vorschlag eines Nachhaltigkeitsberichts. Er würde unseren Politikern helfen, langfristiger zu agieren, aber er würde sie über unsere Kontrolle auch dazu verpflichten. Wir müssen im politischen Raum alles dafür tun, dass die Entscheidungen einen längeren Zeithorizont berücksichtigen – denn nur so können sie besser werden und belasten uns selbst und unsere Kinder und Kindeskinder nicht in dem Maße, wie es sich derzeit abzeichnet.

Auf einen Blick: Konturen eines neuen »Zukunftsprogramms für Deutschland«

Unser Gespräch neigt sich dem Ende zu. Im Rückblick erkennt man, so meine ich, erste starke Konturen einer neuen »Zukunftsagenda für Deutschland«, Konturen eines Zukunftsprogramms jedenfalls, soweit sie die deutsche Politik in Regierung und Opposition selbst, also unabhängig von den europäischen Partnern, in Angriff nehmen sollte. Wenn Sie diese Konturen abschließend zusammenfassen: Wie sehen sie für Sie aus?

In der Tat, es gibt Konturen. Ich sehe im Wesentlichen sieben Bereiche.

1. ***Die Agenda 2010 endlich gezielt weiterentwickeln – durch mehr Lohnflexibilität und Lohnzuschüsse:*** Es ist ein großer Fehler, sich auf den Lorbeeren der Schröderschen Reformen ein bequemes Bett zu machen und – schlimmer noch – dem Zeitgeist folgend Mindestlöhne bezie-

hungsweise Lohnuntergrenzen abzunicken. Damit verlässt man den Weg von der Massenarbeitslosigkeit zu einer strukturellen Gesundung des Arbeitsmarktes und gefährdet den Niedriglohnsektor, der Deutschland in den letzten Jahren so viel wirtschaftliche Dynamik gebracht hat. Ziel einer gezielten Weiterentwicklung der Agenda 2010 muss es sein, die Lohnflexibilität zu erhalten und Lohnzuschüsse zu stärken, um auch die 3 Millionen Arbeitslosen über die Armutsgefährdungsgrenze zu bringen. Auf den Punkt gebracht lautet meine Empfehlung daher: Im Sinne der Reformideen, die zur Agenda 2010 geführt haben, sollte man noch stärker als bisher auf Lohnzuschusselemente setzen, also die Hinzuverdienstmöglichkeiten verbessern. Das gilt für den Bereich der Geringqualifizierten ebenso wie für den der Frührentner. Motto einer so verstandenen konsequenten Weiterentwicklung der Agenda-2010-Reformen muss sein, dass jeder, der arbeiten will, arbeiten kann, und dann – unterstützt durch Lohnzuschüsse – genug zum Leben hat. Nur eine solche Unterstützung der Menschen »in der Arbeit« ist menschenwürdig. Eine Unterstützung allein »außerhalb der Arbeit«

hingegen ist eine Sünde gegen ihre Würde und die ihrer Kinder.

2. ***Wenn schon keine radikale Steuerreform, dann mindestens einen Steuertarif auf Rädern:*** Eine große Steuerreform ist zwar nach wie vor wünschenswert, aber sie ist in der aktuellen Situation wegen der wachsenden staatlichen Zahlungsverpflichtungen und -versprechungen, die sich aus der Eurokrisenpolitik ergeben, wohl auf absehbare Zeit nicht umsetzbar. Davon unberührt aber kann es nicht angehen, dass der Staat in der inflationär wachsenden Wirtschaft laufend einen größeren Prozentanteil der Wirtschaftsleistungen abzieht und nur ab und an einen Teil der so entstandenen Erhöhungen als angebliche Steuersenkungen an die Bürger zurückgibt. Oder dass er gar die Zuwächse behält und sich dann der Haushaltsdisziplin rühmt. Genau diese Effekte aber sind das Ergebnis eines an Nominalwerten ausgerichteten progressiven Einkommensteuertarifs, wie wir ihn haben. Um die Effekte zu verhindern, müssen alle Freibeträge, Freigrenzen und Progressionsgrenzen jährlich automatisch mit der Wachstumsrate des

nominalen Sozialprodukts heraufgesetzt werden. Das ist die Idee eines Steuertarifs auf Rädern. Mit einem solchen Tarif wird zudem gewährleistet, dass der Staat genauso mit knappen Mitteln wirtschaften muss, wie wir Bürger auch, und so sorgsamer mit Steuergeldern umgeht.

3. ***Abkehr von der Energiewende ins Nichts und Ausstieg aus dem Atomausstieg:*** Man kann die Räder einer Industriegesellschaft nicht allein mit Wind- und Sonnenstrom drehen. Dazu ist dieser Strom zu schwach, zu teuer und zu unstet. Und dem Weltklima nützt es überhaupt nichts, weil aller Kohlenstoff, der gefördert wird, irgendwo auf der Welt verbrannt wird, wenn nicht bei uns, dann irgendwo anders auf dem Globus. Und was bringt uns unser teurer, nutz- und vor allem planloser deutscher Sonderweg, wenn es in einem der benachbarten Länder, die so gut wie alle weiter voll auf die Atomkraft setzen, einen Unfall gibt? Deutschland kann sich den Ausstieg aus der Atomkraft nicht leisten, ohne Atomstrom aus dem Ausland zu kaufen. Was wir tun müssen ist, uns zum einen für ein funktionierendes Emissionshandelssystem

und zum anderen für sicherere Atomkraftwerke stark zu machen. Dazu gehören scharfe staatlichen Kontrollen und der Zwang, umfangreiche Haftpflichtversicherungen in Form von sogenannten Cat-Bonds abzuschließen. Die Cat-Bonds sind gut verzinsliche Anleihen, die im Falle eines zuvor genau definierten Unglücks ihren Wert verlieren. Unsichere Kraftwerke werden dann hohe Zinskosten zu tragen haben, und zur Senkung der Zinskosten werden sich die Betreiber um die Verbesserung der Sicherheitsstandards bemühen. Schärfere Kontrollen sind richtig, doch nichts stärkt die Umsicht und Sorgfalt der Betreiber so sehr wie die Angst, die finanzielle Basis ihres Geschäftsmodells durch hohe Versicherungsprämien zu verlieren.

4. ***Den drohenden Verteilungskampf zwischen den Generationen abwenden – mit moderner Familien-, Mütter- und Kinderpolitik:*** Kein entwickeltes Volk dieser Erde hat so wenige Kinder wie die Deutschen – mit 8,3 Kindern pro 1.000 Einwohnern sind wir das Schlusslicht in der OECD. Wenn wir uns nicht aufgeben und auch im Alter auskömmlich leben wollen, wenn wir unsere Kultur erhalten und einen drohen-

den Verteilungskampf zwischen den Generationen noch abwenden wollen, müssen wir ein anderes Gesellschaftsmodell entwickeln, das der Leistung der Eltern, insbesondere der Mütter, bei der Kindererziehung die ihr gebührende Anerkennung zollt. Dazu gehört es nicht nur, die Vereinbarkeit von Familie und Beruf in Form einer früh verfügbaren flächendeckenden Kinderbetreuung nach Art der französischen École maternelle zu garantieren. Vor allem müssen die Familien dafür entschädigt werden, was ihnen der Staat durch die Sozialisierung der Schaffenskraft ihrer Kinder in Form von deren zukünftig horrenden Sozialversicherungsabgaben aufbürdet. Eine Kinder- oder Elternrente, die mit einem erweiterten Sparzwang für die Kinderlosen gekoppelt ist und insofern eine materielle Gleichstellung im Sinne der Leistungsfähigkeit im Arbeitsleben und in der Rente bewirkt, ist das Mindeste, was benötigt wird, um eine Veränderung der Wertvorstellungen der Gesellschaft zu bekunden. Das französische Kindersplitting, das das reale Pro-Kopf-Einkommen eines Familienhaushalts zur Grundlage der Steuerberechnung macht, und die Ganztagsschule sind nützliche Ergänzungen.

5. ***Den Zuwanderungsmagneten abschalten, um den Sozialstaat zu retten:*** Zur Vermeidung einer demografischen Katastrophe und zur Stärkung des Arbeitsmarktes braucht Deutschland nicht nur mehr Kinder, sondern auch mehr Zuwanderung aus dem Ausland. Insofern sind die in jüngster Zeit wieder ansteigenden Zuwanderungsziffern zu begrüßen, auch wenn die Zuwanderung sicherlich nur einen Teil der riesigen demografischen Lücke schließen kann. Was Deutschland freilich nicht benötigt, ist die Zuwanderung von weiteren Kostgängern des Sozialsystems, denn sie vergrößert das wegen der Eurolasten und der Energieexperimente ohnehin schon absehbare Defizit im Staatsbudget um ein Weiteres. Die Lösung dieses Problems kann aber nicht darin liegen, die Freizügigkeit in der Eurozone für die Armen zu beschränken. Besser ist es, die Freizügigkeit umgekehrt zu stärken, indem ein jedes EU-Land den Beziehern von Sozialhilfe und Renten das Recht gibt, diese Leistungen an einem Ort ihrer Wahl zu konsumieren. Die konsequente Anwendung des Heimatlandprinzips für steuerfinanzierte soziale Leistungen würde die Möglichkeit nehmen, in Sozialsysteme einzuwan-

dern, zugleich aber den Grundgedanken der Freizügigkeit in Europa für alle, auch für die ärmeren Bevölkerungsschichten, stärken.

6. ***Schulen endlich reformieren, Bildungsreserven heben:*** Wer wenige Kinder hat, muss sie besonders gut ausbilden, und wer viele Kinder hat, muss besonders viel Geld für die Schulausbildung auf den Tisch legen. Keine Investition ist so ertragreich wie jene in die Köpfe der Menschen. Diese Erkenntnis ist im Land der Dichter, Denker und Ingenieure lange Zeit vernachlässigt worden. Die internationalen Tests für die Vergleiche schulischer Leistungen zeigen, dass Deutschlands Schüler nur noch mittelmäßig sind. Um das zu ändern, bedarf es einer Bildungsoffensive, die die Begabungspotenziale hebt, indem die Trennung der Schüler in verschiedene Ausbildungswege nach dem erfolgreichen finnischen Vorbild auf ein deutlich späteres Lebensjahr verschoben und die Ganztagsschule eingeführt wird – mit Lehrkräften, die fachlich wie pädagogisch erstklassig sind. Ihre verbesserte Ausbildung muss uns auch etwas wert sein. Abgesehen davon sollten wir unser sehr

erfolgreiches System der dualen Ausbildung stärken und verbessern, anstatt eine Erhöhung der Hochschulquoten anzustreben

7. ***Verbesserung der Langfristigkeit von politischen Entscheidungen durch selektive Reformen:*** Eine große strukturelle Schwäche heutiger Demokratien liegt darin, dass ihre Entscheidungsprozesse meist auf die kurze Frist ausgerichtet sind. Kurze Wahlperioden, eine Kurzfristorientierung der Medien und vor allem das fehlende Stimmrecht zukünftiger Generationen bei den heute getroffenen Entscheidungen machen nachhaltige Wirtschafts-, Sozial- und Finanzpolitik strukturell fast unmöglich. Statt heute jemandem auf die Füße zu treten, lösen unsere Politiker die wirtschaftlichen Verteilungsprobleme der Gesellschaft oft zulasten von Menschen, die sich noch nicht wehren können, weil sie noch nicht abstimmen dürfen. Längere Regierungsperioden, eine verbindliche Berechnung der finanziellen Folgen aller Regierungsentscheidungen, das Kinderwahlrecht für Eltern und die Einführung eines *Political Governance Kodex* für eine fundierte, langfristigere Politik sind Ideen, die

ökonomisch betrachtet die Funktionsfähigkeit der Demokratie verbessern könnten.

Das Thema Eurokrise haben wir ja bewusst ausgespart und nur am Rande gestreift. Dennoch ist klar: Einerseits müssen wir dringend unsere hier besprochenen eigenen Reformhausaufgaben machen. Andererseits aber haben wir gemeinsam mit unseren europäischen Nachbarn ebenso dringend die Eurokrise und ihre Folgen zu meistern, da wir sonst auf Dekaden hinaus im Schuldensumpf bei den eben genannten sieben Punkten versinken. Wie würden Sie abschließend – und genauso verdichtet wie eben – die Richtschnur beschreiben, die für das Handeln unserer Politiker bei der Bewältigung der Eurokrise gelten sollte?

Das wäre dann also ein achter Punkt, die Euroreform. Entgegen den Beschwörungen vieler Politiker und Finanzmarktakteure kann Europa auch ohne den Euro existieren. Man sollte mit der ideologischen Überhöhung des Euro, mit der die vielen Rettungspakete immer wieder unterfüttert werden, endlich aufhören. Das heißt allerdings nicht, dass man den Euro abschaffen sollte, bloß weil er kaputt ist. Was aber kaputt ist, kann man reparieren. Dazu muss nach nun sechs Jahren der Eurokrise so schnell wie möglich ein geordneter Ausstieg aus der Rettungsspirale zurück zum Maastrichter Vertrag gefunden werden. Einige Länder wie Griechenland, Zypern, Italien, Portugal oder Spanien sind durch den billigen Kredit, den der Euro brachte, zu teuer geworden. Sie benötigen heute eine substanzielle Abwertung, damit sie wieder wettbewerbsfähig werden, aber die ist im Euro nicht zu haben. Geordnete und finanziell unterstützte temporäre Austritte aus der Eurozone, die einhergehen mit Schuldenschnitten zu Lasten der privaten Gläubiger sind unerlässliche Voraussetzungen für die Wiederherstellung der Wettbewerbsfähigkeit mancher südeuropäischer Staaten. Über den Ausstieg kann dabei nur das betroffene Land selbst entscheiden. Aber man sollte den Ausstieg nicht mit Bleibeprämien hinauszögern oder verhindern, denn das würde das Leid der Arbeitslosen und vieler anderer Menschen in den Krisenländern nur unnötig verlängern. Dieses Thema, also die Wiederherstellung der Wettbewerbsfähigkeit, ist das Wichtigste überhaupt für die Wiederherstellung des sozialen Friedens in Europa – auch zwischen den Völkern –, der durch die Eurokrise nachhaltig gestört worden ist. An die Stelle politischen Wunschdenkens – das verknüpft ist mit der fatalen Illusion, die Rettungsschirme würden es schon richten – muss in der Politik endlich das Verständnis der ökonomischen Gesetze treten. Die temporären Austritte aus dem Euroraum, die ich fordere, werden den Euro festigen, doch dieser gefestigte neue Euro braucht dann auch noch eine Ergänzung des Maastrichter Vertrages durch eine Konkursordnung für Staaten mit einer wohldefinierten Hilfsprozedur, die von der Liquiditätskrise über die drohende Insolvenz bis hin zum Konkurs und Austritt aus der Währungsunion führt. Nur eine solche Konkursordnung ist in der Lage, den Kapitalanlegern die Risiken ihrer Entscheidungen rechtzeitig vor Augen zu führen und die Kapitalbewegungen im Euroraum auf ein Maß zu begrenzen, das einen gesunden europäischen Konvergenzprozess befördert, ohne dass es abermals zur Bildung der zerstörerischen Kreditblasen kommt, die die Eurozone in einen Scherbenhaufen verwandelt haben.

Danksagung

Ich bedanke mich bei Jens Schadendorf für den Anstoß zu diesem Büchlein und insbesondere die interessanten Gespräche selbst, aus denen es entstanden ist. Er unterzog sich der Mühe, die Tonbandaufzeichnung dieser Gespräche zu Papier zu bringen, verdichtete die Themen und gab mir dann die Gelegenheit, den Text zu redigieren, wobei wir uns dazu laufend fruchtbar austauschten. Dadurch wuchs eine neue und für mich bereichernde Stil- und Inhaltsform eines Buches, die ich bislang nur aus Zeitungen kannte.

Dankbar bin ich auch meinen Freunden und Kollegen Georg Milbradt und Meinhard Knoche sowie meiner Frau Gerlinde, die eine Vorform des Manuskripts sorgfältig gelesen und Verbesserungsvorschläge gemacht haben. Wolfgang Meister und Anja Rohwer schließlich danke ich für die Assistenz bei der Absicherung einiger der im Gespräch auftauchenden Fakten.

Hans-Werner Sinn
München, im April 2013

Der Autor

Hans-Werner Sinn ist seit 1984 Ordinarius in der volkswirtschaftlichen Fakultät der Ludwig-Maximilians-Universität München. Im Jahr 1999 wurde er zudem Präsident des ifo Instituts für Wirtschaftsforschung in München und Leiter des internationalen CESifo-Forscher-Netzwerks, weltweit eines der größten seiner Art.

Für seine Arbeit erhielt Hans-Werner Sinn zahlreiche hochrangige Preise und Auszeichnungen – darunter das Bundesverdienstkreuz 1. Klasse – sowie Ehrendoktorwürden der Universitäten Magdeburg und Helsinki. Eine dritte Ehrendoktorwürde, die der Handelshochschule Leipzig, wird ihm in Kürze verliehen.

Sinn veröffentlichte zahlreiche Artikel in internationalen Fachzeitschriften sowie Fachbücher bei internationalen Verlagen. Er ist der in der internationalen Forschung am häufigsten zitierte deutsche Ökonom. Für die britische Zeitung *The Independent* zählte Sinn zu den zehn wichtigsten Menschen, die 2011 die Welt verändert haben, und *Bloomberg* führte ihn 2012 als einzigen Deutschen in der fünfzig Personen umfassenden

Liste der weltweit wichtigsten Menschen aus dem Bereich der Wirtschaft. In Deutschland initiiert und prägt er immer wieder wirtschaftspolitische Debatten. Im Ranking der 500 wichtigsten deutschen Intellektuellen der Zeitschrift *Cicero* wird er in diesem Jahr auf Rang 14 geführt.

Hans-Werner Sinn gilt zudem als einer der Vordenker der im März 2003 angestoßenen Agenda 2010, dem wichtigsten wirtschafts- und sozialpolitischen Reformpaket seit Ludwig Erhards Weichenstellungen für die soziale Marktwirtschaft. In der Tat stellte Sinn das Konzept des Arbeitslosengeldes II mit seinen verbesserten Hinzuverdienstmöglichkeiten und die kommunalen Ein-Euro-Jobs in seiner Studie »Aktivierende Sozialhilfe« bereits im Mai des Jahres 2002 vor. Seine Vorschläge fanden Eingang in die Gutachten des Wissenschaftlichen Beirats beim Bundesministerium für Wirtschaft (August 2002) und des Sachverständigenrats (Oktober 2002), die wiederum die Agenda-Gesetzgebung unmittelbar beeinflussten.

Jens Schadendorf
München, im April 2013